오스왈드 챔버스의 죄와 구원

The Philosophy of Sin
and other Studies in the Problems of Man's Moral Life
Oswald Chambers

This edition copyright ©1989 by Oswald Chambers Publications Assn., Ltd.
Original edition copyright ©1937 by Oswald Chambers Publications Assn., Ltd.
All rights reserved
Published by special arrangement with Discovery House Publishers,
3000 Kraft Avenue SE, Grand Rapids, Michigan 49512 USA.

Korean translation copyright ⓒ 2010 by Togijangi Publishing House
2F, 71-1 Donggyo-ro. Mapogu, Seoul 04018, Korea

This Korean edition is published by arrangement with Discovery House Publishers
(3000 Kraft Avenue SE, Grand Rapids, Michigan 49512 USA.)

본 저작물의 한국어판 저작권은 Discovery House Publishers 와의 독점 계약으로 한국어 판권을
'도서출판 토기장이'가 소유합니다. 저작권법에 의하여 한국 내에서 보호를 받는 저작물이므로
무단 전재와 무단 복제를 금합니다.

특별한 표기가 없는 모든 성경 구절은 개역개정성경을 인용한 것입니다.

오스왈드 챔버스의 죄와 구원

오스왈드 챔버스 지음 • 스데반 황 옮김

토기장이

— 서문 —

참된 거룩과
의의 높은 수준에 이르는 길

죄의 끔찍한 결과들이 언제나 우리를 둘러싸고 있기 때문에 '죄의 문제'는 영구적인 관심을 끄는 주제일 수밖에 없다. 모든 시대마다 파괴적인 힘이 사람들 가운데 역사하는 분명한 표시들이 있다. 상처입은 마음, 온통 문제투성이인 삶, 불행과 슬픔으로 가득한 인류를 보라.

기독교 신앙은 이러한 상처와 문제와 불행과 슬픔의 원인이 사람들의 죄 때문이라고 본다. 여기서 죄는 인간이 하나님으로부터 근본적으로 떠난 상태를 의미한다. 하나님과의 관계가 깨어짐으로써 모든 비참한 결과들이 발생한 것이다. 그래서 죄와 그 치유책을 다루는 「죄와 구원」은 여러 면에서 반가운 책이다. 이 책은 인류의 문제가 무엇인지, 그 문제가 어떻게 근본적으로 해결될 수 있는지를 명확하게 알려준다. 해결책은 그리스도의 속죄를 통해 사람들이 회개하고 믿음을 가지는 것이다. 이 책에는 죄를 소멸시키는 구원이 잘 나타나 있다.

"죄는 초자연적인 악의 창시자에 의해 근본적으로 왜곡된 것이며, 구원은 초자연적인 창조주에 의해 근본적으로 다시 조정된 것이다."

이것이 바로 모든 죄인들을 향한 참된 복음으로, 진리를 추구하는 사람이라면 마침내 이 복음을 발견하게 될 것이다.

죄와 구원 외에도 이 책은 양심, 외적인 행동, 정서적·지적·신체적인 삶, 환경적·정신적·영적 실체, 자연적 본능, 그리고 하나님과의 내적 관계 등의 중요한 내용들을 다룬다. 이러한 주제들을 고민하는 독자들은 이 책을 통해 반드시 유익을 얻게 될 것이다.

오스왈드 챔버스가 이 책을 쓴 가장 큰 목표는 오늘날의 그리스도인들에게 '참된 거룩과 의의 높은 수준에 이르는 길'을 보여주기 위함이며, 마침내 우리 모두 도라 그린웰Dora Greenwell의 기도를 함께 드리기 위함이다.

오, 주께서 이루신 일을 제가 보게 하소서.
주의 영혼의 고통이 제 안에서 느껴지게 하소서.
주의 역사를 감사하는 가운데
언제나 제가 사랑하는 구세주와 함께하게 하소서.

데이비드 램버트

1871-1961. 감리교 목사이며 오스왈드 챔버스 부부의 친구로, 1917년부터 사망할 때까지 챔버스 부인을 도와 오스왈드 챔버스 출판협회와 함께 사역했다.-역주.

차례

서문

1장 죄의 철학   009

2장 구속에 대한 교육적 통찰   029

3장 구원   045

4장 실체   065

5장 심판   083

6장 타락   101

7장 유혹   121

8장 양심   137

9장 인류   153

10장 조화   173

역자 후기

죄의 철학

모든 죄의 공통 속성은 하나님의 사랑으로부터 벗어나는 것이다.
하나님의 사랑을 떠나 그분이 정하신 목표가 아닌
자기가 세운 이기적인 목표를 이루려는 욕구는,
세상의 사조 및 인류의 근본적인 죄의 공통 속성이다.

죄의 기원에 대하여 제시하는 것은 성경밖에 없다. 죄에 대해 경험하여 아는 것과 머리로 이해하는 것은 다르다. 우리는 대체로 다음과 같은 과정을 밟는다. 먼저 필요를 느낀 다음에 그 필요를 채울 수 있는 만족을 추구한다. 필요가 채워지고 나면 그것이 어떻게 채워졌는가를 설명하는 데 전념한다.

죄책감을 느낄 때 우리는 죄의 문제를 해결해줄 구세주를 필요로 한다. 지적으로나 여러 면에서 구세주를 추구하다가 결국 성령의 능력에 의하여 주님을 만나게 되고 구원을 경험한다. 그러면 우리는 그 과정을 설명해야 할 필요를 절실히 느끼게 되고, 하나님께서 어떻게 죄의 문제를 해결하셨는지를 설명하려 한다. 그러나 안타깝게도 이 마지막 부분을 무시하는 그리스도인들이 있다. 그들은 구원을 체험하는 데 그치고 그들의 생각은 정체된 상태로 머문다. 그래서 어떻게 구원이 이루어졌는지를 돌이켜보지 않고, 하나님께서 죄, 구원, 전 생애에 대하여 계시하시는 내용을 알려고 하지 않는다.

"낮은 차원의 삶에 만족하는 자들에게 성경은 황당한 책이다.
그러나 모든 것의 한계를 느낄 때, 성경은 이 세상에서
가장 유일한 책이 되며 하나님은 유일한 존재가 되신다."

성경에 따르면 하나님은 인간이 스스로 해볼 것을 다해본 후에 포기하는 지점인 마지막 순간에 나타나신다. 그래서 인간적인 한계를 느낄 때 하나님을 만나기 쉽다. 사고thinking에서도 마찬가지이다. 사고의 한계를 느끼지 못할 때 사람들은 하나님을 고려하지 않은 채 살아간다. 삶의 문제가 전혀 없을 때 우리는 자신의 한계를 느끼지 못하는 가운데, 그저 존재하는 것만으로 기쁘고 건강하고 행복해서 좋다고 느낀다. 이러한 상황에서는 결코 하나님을 발견하지 못하고 그분에 대한 어떤 필요도 느끼지 못한다. 그러나 사고의 한계에 부딪히면 그때부터 하나님을 찾기 시작한다.

최초의 죄에 감추어진 사탄

"너 아침의 아들 계명성이여 어찌 그리 하늘에서 떨어졌으며 너 열국을 엎은 자여 어찌 그리 땅에 찍혔는고 네가 네 마음에 이르기를

내가 하늘에 올라 하나님의 뭇별 위에 내 자리를 높이리라 내가 북극 집회의 산 위에 앉으리라 가장 높은 구름에 올라가 지극히 높은 이와 같아지리라 하는도다 그러나 이제 네가 스올 곧 구덩이 맨 밑에 떨어짐을 당하리로다"사 14:12-15.

우리는 이 책에서 죄의 경험을 다루기보다 하나님 말씀의 빛을 통해 죄가 어떻게 시작되었는지를 다루고자 한다. 그러므로 우리의 사고thinking를 위한 토대가 필요하다. 하나님의 능력에 의해 죄로부터 구원을 받았다면 하나님께 감사하자. 그러나 여기서 멈추어서는 안 된다. 하나님께서 지금 계시로 우리의 어두움을 밝히실 수 있도록 그분께 맡겨야 한다.

위의 이사야서의 말씀은 초대 교부들이 설명한 것처럼 인간들을 꼭두각시처럼 조종하는 인간들 배후에 있는 사탄을 설명한다. 성경이 사탄에 대해 계시하는 중요한 내용을 보면, 사탄은 종종 사람이나 동물 안에 들어가 그것들을 통해 역사한다창 3:15 ; 마 16:23. 성령과 주님은 사람들 배후에 있는 사탄의 역사를 추적하신다. 죄의 불투명한 기원과 관련된 영역은 바로 사탄이 역사하는 영역이다. 결코 사탄의 역사로 죄가 들어온 것 같아 보이지 않아도, 한계에 부딪혔을 때 인간은 비로소 성경만이 죄의 진정한 속성이 무엇인지, 죄가 어디에서 시작되었는지를 알려준다는 사실을 깨닫게 된다.

믿기 어려운 죄의 원조

"너 아침의 아들 계명성이여 어찌 그리 하늘에서 떨어졌으며 너 열국을 엎은 자여 어찌 그리 땅에 찍혔는고" 사 14:12.

이 구절은 하나님 다음으로 많은 능력을 소유하고 있던 천사가 죄의 원조임을 계시한다.

영적 차원의 반역

"네가 네 마음에 이르기를 내가 하늘에 올라 하나님의 뭇별 위에 내 자리를 높이리라 내가 북극 집회의 산 위에 앉으리라" 사 14:13.

이 구절은 사탄의 반역이 영적 차원임을 계시한다. 사탄의 반역은 하나님께 대항하는 영적 반역이었다.

하나님을 능가하려는 정신 나간 마음

"가장 높은 구름에 올라가 지극히 높은 이와 같아지리라 하는도다" 사 14:14.

이 구절은 사탄이 하나님과 맞먹으려는 결심을 했음을 보여준다.

사고의 한계를 인정하지 않는 사람들은 위의 세 가지 내용을 황당하다고 생각할 것이다. 그들이 사탄과 죄에 대한 성경의 내용을 조롱하는 이유는 지금까지 살펴본 것처럼 아직 자신들의 한계를 느끼지 못하였고, 그래서 하나님의 말씀이 그들에게는 아무런 의미가 없기 때문이다. 그러나 인간의 한계를 깨닫고 스스로 죄의 문제를 사고할 수 없다는 사실을 인정하는 사람들에게, 성경은 이 문제를 설명하는 유일한 책이 된다. 그리고 그들은 성경의 '이론'theory이 죄의 기원에 관한 하나님의 계시라는 사실을 보게 된다.

죄는 인간의 속성 안에 있는 요소로서, 그 기원은 하나님 다음 가는 능력을 지닌 초자연적인 존재에게 있다. 사탄의 죄는 오직 희미하게 계시되어 있는데, 그 계시는 사탄의 죄가 모든 죄의 최정상이요 완전하고 자발적이며 의식적이고 영적인 죄임을 보여준다. 사탄은 유혹에 빠졌거나 덫에 걸린 것이 아니었다. 자신이 무엇을 하는지 분명한 의식을 가지고 죄를 저질렀다. 우리는 이 정도만 알 수 있을 뿐, 그 이상은 베일로 감추어져 있다.

감쪽같이 속인 사탄의 최초의 함정

"여자가 그 나무를 본즉 먹음직도 하고 보암직도 하고 지혜롭게 할 만큼 탐스럽기도 한 나무인지라 여자가 그 열매를 따먹고 자기와 함께 있는 남편에게도 주매 그도 먹은지라 이에 그들의 눈이 밝아져 자기들이 벗은 줄을 알고 무화과나무 잎을 엮어 치마로 삼았더라"창 3:6-7.

사탄이 자신의 의도를 숨긴 탓에, 하와와 아담은 그가 누구였는지 전혀 알 수 없었다. 사탄은 가능한 최선을 다해 자신의 실제 의도를 감쪽같이 숨기고 최초의 함정을 팠다. 우리는 하나님께서 아담을 '하나님의 아들'로 창조하셨다는 사실을 기억해야 한다. 하나님은 아담에게 순종을 통하여 성숙하도록 요구하셨다. '자연적인 생명'오스왈드 챔버스에게 '자연적'이라는 의미는 죄와 상관없는 인간의 자연적 본성을 의미한다-역주을 '영적인 생명'으로 변화시키기 위해서 그에게 순종은 필수적이었다. 순종은 그의 계속적인 도덕적 선택으로 행해졌다'도덕적 선택'은 인간의 인격인 지·정·의의 자유의지를 통해 순종과 불순종 사이에서 선택하는 것을 의미한다-역주. 사탄은 바로 이 '순종의 선택'에 최초의 덫을 놓으면서 자신의 의도를 철저히 감추었다.

자연적인 관심에 의해 오염된 영혼

"여자가 그 나무를 본즉 먹음직도 하고 보암직도 하고 지혜롭게 할 만큼 탐스럽기도 한 나무인지라"창 3:6.

이 구절은 사탄도 하나님의 피조물의 일부였음을 보여준다. 사탄은 먼저 하와에게 말을 걸었다. 하와는 인간의 영혼이 자연의 생명과 매우 밀접한 관계에 있었음을 보여준다. 하와는 뱀사탄을 수상하게 여기거나 의심하는 대신 뱀에게 친근감과 호기심을 보였다. 최초의 죄를 보면, 죄의 속성 및 죄가 역사하는 과정을 알 수 있다.

주님은 사람을 양으로 비유하셨다. 양은 잘못된 길로 가려는 의도가 없고 방황할 뿐이다. 대다수의 사람들도 양처럼 방황하지만 어떤 악한 의도를 가지고 있지는 않다. 사탄은 맨 처음에 사람들을 어리석고 우매한 양들처럼 취급하여 감쪽 같은 덫을 놓는다. 사탄이 사람들을 속이는 방법은 지금까지 바뀐 적이 없고 하나님의 책에 분명하게 명시되어 있다. 그럼에도 우리는 영혼이 자연적인 관심에 의해 오염될 수 있다는 경고를 무시한다.

자연적인 친밀감에 의하여 덫에 빠진 영혼

"여자가 그 열매를 따먹고 자기와 함께한 남편에게도 주매 그도 먹은지라" 창 3:6.

우리는 이 구절에서 두 친밀감을 발견할 수 있다. 첫째는 원하는 물질에 대한 친밀감이고, 둘째는 가장 가까운 인격적 관계의 친밀감이다. 하와는 열매가 맛있다는 것을 알자 그것을 남편에게 건넸다. 혼자 죄를 짓는 것은 불가능하다. 하와에 대한 기록에서 바울은 사탄이 그녀를 "속였다"고 썼는데, 이 말은 그녀가 자신이 무슨 잘못을 하고 있는지 분명한 이해가 없었다는 의미이다. 그러나 아담의 경우는 속은 것이 아니다딤전 2:14. 그는 알면서 그 열매를 먹었다. 자신이 무엇을 하는지 알면서 범한 의식적인 죄였다.

자연적인 영향으로 죄를 지은 영혼

"이에 그들의 눈이 밝아져 자기들이 벗은 줄을 알고 무화과나무 잎을 엮어 치마로 삼았더라"창 3:7.

아담은 하나님의 뜻에 따라 자신을 개발할 필요가 있었다. 즉, 하나님께 순종함으로써 자연적인 생명을 영적인 생명으로 승화시켜야 했다. 자연적인 생명인 우리 몸 자체는 도덕적이거나 부도덕적이지 않다. 주님께서도 몸을 가지고 계셨고, 배가 고프셨다. 배고픈 것이 죄는 아니다. 그러나 주께서 광야에서 40일간 시험을 받으실 때 음식을 드셨다면, 이는 그 기간 동안 하나님의 말씀에 의해 금식해야 했기에 죄가 되었을 것이다.

몸이나 자연적인 식욕은 죄가 아니다. 그러나 하나님의 말씀에 따라 육체 및 식욕의 희생이 요구될 때 거부한다면 죄가 된다. 사탄이 공격한 최초의 전초 기지는 순진무구한 자연적 영역이다. 우리는 "잠깐 이곳에 정을 붙이는 것이 뭐가 잘못인가요. 호기심이 생겨서 그러는데 뭐가 문제겠어요"라고 말한다. 그러나 성경이 베일을 벗기고 보여주는 것이 있다. 사탄은 오직 한 가지 목적으로 유혹한다는 사실이다. 그것은 인간이 하나님의 음성을 불순종하게 만드는 것이다.

영적인 순종을 뒤엎으려는 속셈

"그런데 뱀은 여호와 하나님이 지으신 들짐승 중에 가장 간교하니라 뱀이 여자에게 물어 이르되 하나님이 참으로 너희에게 동산 모든 나무의 열매를 먹지 말라 하시더냐 여자가 뱀에게 말하되 동산 나무의 열매를 우리가 먹을 수 있으나 동산 중앙에 있는 나무의 열매는 하나님의 말씀에 너희는 먹지도 말고 만지지도 말라 너희가 죽을까 하노라 하셨느니라 뱀이 여자에게 이르되 너희가 결코 죽지 아니하리라 너희가 그것을 먹는 날에는 너희 눈이 밝아져 하나님과 같이 되어 선악을 알 줄 하나님이 아심이니라 여자가 그 나무를 본즉 먹음직도 하고 보암직도 하고 지혜롭게 할 만큼 탐스럽기도 한 나무인지라 여자가 그 열매를 따먹고 자기와 함께 있는 남편에게도 주매 그도 먹은지라 이에 그들의 눈이 밝아져 자기들이 벗은 줄을 알고 무화과나무 잎을 엮어 치마로 삼았더라"창 3:1-7.

사탄은 자신의 속셈을 감추는 데 성공하였다. 아무도 몰랐고 오직 하나님만이 그가 무엇을 하고 있는지 알고 계셨다. 우리가 죄를 지을 때도 그렇듯이, 하와는 사탄이 무엇을 하는지 아무런 의심이 없었다. 그러나 사탄에게 속는 과정이 어떠하든 하나님께 순종하기를 거부하면 그 순간부터 죄에 대한 책임을 핑계할 수 없게 된다. 또한 하나님께 순종하기를 거부할 때마다 사탄의 첫 번째 함정은 성공하게 된다. 첫 번째 함정에 빠지게 되면 나머지 함정에 빠지게 되는 것은 시간 문제이다. 일단 자연적인 생명을 하나님의 뜻에 희생하기를 거부하는 것이 원칙이 되면, 나머지 부분에서도 주의 뜻을 거부하는 것이 쉬워진다.

가장 깊은 곳에 들어온 의심

"그런데 뱀은 여호와 하나님이 지으신 들짐승 중에 가장 간교하니라 뱀이 여자에게 물어 이르되 하나님이 참으로 너희에게 동산 모든 나무의 열매를 먹지 말라 하시더냐"창 3:1.

사람이 가장 먼저 무너지는 곳은 깊은 내면이다. 행동으로 나타나는 것은 마지막이다.

"제일 먼저 무너지는 곳은 마음이다. 성경은 인간의 속성 안에 불치병인 '하나님을 향한 의심'이 있다고 계시한다"

의심병의 기원은 성경에 설명되어 있다. 그 기원은 하나님의 피조물 가운데 가장 위대하였던 두 존재에게 있는데, 하나는 사탄이 된 천사요, 다른 하나는 하나님께서 금지하신 관계를 맺어버린 아담이다. 이 기원으로 어떻게 죄가 세상에 들어왔는지를 알 수 있다.

보이는 물질세계에서 사람이 오로지 뛰어난 동물로서 사는 한, 성경은 황당한 책으로 보일 뿐이다. 부모님에게서 '성경은 거룩한 책'이라고 배웠기 때문에 성경을 귀하게 여길 수 있다. 그러나 스스로 어쩔 수 없는 한계를 체험하여 자신의 내면을 들여다보는 상황이 되었을 때, 비로소 우리는 성경을 제외하면 아무도 자신의 상황을 충분히 설명할 수 없다는 사실을 깨닫기 시작한다. 자연적인 생명의 마지막 한계 지점에 이르게 되면, 우리는 자연적인 생명을 정확하게 설명하는 것이 성경이라는 사실을 깨닫는다.

성경이 죄의 문제를 언급할 때는 언제나 하나님을 향한 의심이라는 불치병을 다룬다. 의심병 배후에는 엄청난 초자연적인 힘이 연결되어 있기 때문에, 이 병은 '속죄' 없이는 치유될 수 없다. 바울은 그 병을 '육신의 생각'carnal mind이라고 말한다. 육신의 생각은 하나님과 불편한 관계 정도가 아니다. 그 정도라면 치유될 수 있다. 심지어 바울은 육신의 생각을 "하나님과 원수"롬 8:7라고 칭한다. 모든 죄의 절정은 하나님을 향한 의식적이며 피 묻은 반역이라는 점을 기억하라.

물론 아담의 죄는 의식적인 것이었지만 하나님을 대항하려는 피 묻은 반역은 아니었다. 그러나 궁극적으로 인류를 통해 하나님을 대항하는 반란으로 드러났다. 아담의 죄는 모든 죄의 절정이라기보다 근본이다. 그러므로 사람이 어떠한 죄를 짓든지 첫 번째 죄악의 특징을 지닌다. 즉, 첫 번째 죄와 똑같은 성향은 바로 "하나님이 참으로 … 말씀하셨는가?"창 3:1라는 의심이다. 이 의심을 받아들이면 영혼이 완전히 황폐하게 된다. 하나님을 향한 의심은 마치 둑에 틈이 생기는 것과 같다. 둑이 무너지면 그 물살을 막을 길이 없다.

하나님을 향해 의심을 품으면 가장 먼저 그분을 향한 비방을 받아들인다. 당신이 특이한 성격의 사람이기 때문에 하나님을 비방하게 되는 것일까? 그렇지 않다. 인간의 지식과 가장 깊은 내면에 하나님을 의심하는 최초의 죄가 들어온 이후, 그 성향이 인류를 통하여 계속 내려왔기 때문이다. 우리 대부분은 예수님의 말씀보다 우리의 순전함을 의지한다. 스스로 순진무구하다고 생각하는 것은 매우 위험하다. 예수님은 정확하게 말씀하신다.

> "사람에게서 나오는 그것이 사람을 더럽게 하느니라 속에서 곧 사람의 마음에서 나오는 것은 악한 생각 곧 음란과 도적질과 살인과 간음과 탐욕과 악독과 속임과 음탕과 질투와 비방과 교만과 우매함이니 이 모든 악한 것이 다 속에서 나와서 사람을 더럽게 하느니라."막 7:20-23.

당신은 "말도 안 됩니다. 내 마음에는 그러한 더러운 것들이 없습니다. 나는 순전합니다"라고 말할지 모른다. 그러나 어느 날 당신의 순전함이 허구라는 사실을 드러내는 상황에 직면할 때, 당신은 사람의 마음에 관하여 언급하신 예수님의 말씀이 완벽한 진리임을 깨닫게 된다.

내면에 존재하는 거부할 수 없는 육욕

> "너희가 그것을 먹는 날에는 너희 눈이 밝아져 하나님과 같이 되어 선악을 알 줄 하나님이 아심이니라" 창 3:5.

일단 하나님과 그분의 선하심, 공의에 대한 의심이 인간의 마음속에 들어오면 육욕의 수문이 활짝 열리게 된다. '육욕'sensuality은 인간이 자기의 생명을 유지하기 위해 주변의 자연적인 것들을 이기적으로 취하려는 마음을 말한다. 우리는 육욕이라는 단어를 아주 무섭고 끔찍한 죄악들을 의미할 때 사용하지만, 그 뜻의 범위는 훨씬 더 넓다. 육욕은 아름답고 부드럽게 느껴질 정도로 세련될 수 있고, 영적이면서도 완전히 감각적일 수 있다. 육욕을 가진 사람은 지독한 영적 교만 가운데 "나의 한 가지 소원은 착하게 사는 것입니다. 특별한 소망은 구원받아 거룩해지는 것입니다"라고 말할 수 있다. 그러나 이것 또한 육욕이다. 하나님을 향한 의심이 들어오면 육욕은 끝없이 넘쳐 흐른다.

'정욕'도 성경에서는 일반적인 의미와 다르게 사용된다. 우리는 정욕이라는 단어를 육체의 더러운 죄악을 말할 때 사용하지만, 성경은 그 이상의 뜻을 제시한다. 성경에서 말하는 정욕은 단지 "그것을 당장 가져야 한다"라는 의미이다. 이는 신체적인 욕구일 수 있고 영적인 욕구일 수도 있다. 정욕이 가진 원칙은 "당장 그것을 원한다. 하나님의 때를 기다릴 수 없다. 하나님은 너무 무관심하다"라는 것이다. 정욕은 언제나 이런 식으로 작용한다.

주님께서 사람들을 어떻게 대하셨는가를 주목하라. 주님은 언제나 죄의 성향을 대면하셨다. 결코 사람들을 외적 행위로 평가하지 않으셨고 그들의 부도덕 및 육체의 죄악으로 당황한 적이 없으셨다. 오히려 그러한 죄악을 전혀 범하지 않은 사람들의 점잖은 교만을 더욱 심각하게 다루셨다. 그들의 점잖은 삶은 모든 외부 상황 속에서 그들을 지배하는 욕구에 따라 영악하고 약삭빠르게 처신할 뿐이다.

혼soul이란 단지 사람의 영spirit이 표현되는 것을 말한다. 어린아이의 영은 거의 표현되지 않기 때문에 그의 혼은 또렷하게 구별되지 않는다. 성경에서 혼은 거의 언제나 육체적 속성과 연결된다. 육체를 통해 사람의 진짜 영이 표현될 수 있도록 하는 힘이 혼이다.

"하나님은 언제나 최후에 나타나신다"는 괴테의 말은 하나님께서는 마지막 순간에만 나타나신다는 뜻이다. 만일 우리가 보이는 것만으로 산다면 성경은 어리석게 보일 것이다. 그러나 우리 마음 자체가 병에 걸려 있다는 사실과 하나님께서 우리를 무엇으로부터 구원하셨는지를 깨닫는다면, 우리는 죄에 대한 세상적인 정의를 받아들이지 않을 뿐 아니라 죄에 대해서는 오직 성경의 설명 외에는 없다는 사실을 알 것이다. 따라서 성경과 상관없이 죄를 설명하려고 노력하는 사람들이 불쌍해 보일 따름이다.

개별성의 사악한 굴복

"이에 그들의 눈이 밝아져" 창 3:7.

'사악'의 의미는 불의하고 불평등한 왜곡을 뜻하고 '개별성'의 의미는 인격이 분명한 행동으로 나타나는 것을 뜻한다. 처음에 의심이 생기고 그 다음에 육욕이 일어나며 마지막으로 파멸이 나타난다. 죄가 초자연적인 악의 창시자에 의해 근본적으로 왜곡된 것이라면, 구원은 초자연적인 창조주에 의해 근본적으로 재조정되는 것이다. 이러한 차원에서 구원을 제시하지 못한다면 이는 통탄할 일이다. 예수 그리스도께서 하신 일이 기껏해야 사탄이 한 일에 맞먹는 정도라면, 그분의 이름은 '구세주'가 아니라 '문화'라고 해야 할 것이다. 그러나 천사는 마리아에게 주님의 속성에 대해 여러 번 언급하였다.

"아들을 낳으리니 이름을 예수라 하라 이는 그가 자기 백성을 그들의 죄에서 구원할 자이심이라" 마 1:21.

구원을 대수롭지 않게 여기는 관점, 사람들의 공감을 사려고 이리저리 휩쓸리는 관점은, 예수 그리스도가 하실 수 있는 일은 고작 어떤 원칙에 상응하는 또 다른 원칙을 제안하는 것이라고 본다. 그러나 이러한 잘못된 관점은 한계에 이른 사람이 그 한계로 인해 하나님을 모독하게 만든다. 이러한 결과는 언제나 죄에 대한 엉터리 관점에서 온다. 주님이 하실 수 있는 모든 것이 여러 원칙 중 또 다른 원칙 하나를 제안하시는 것에 불과하다면, 주님을 구세주라고 부를 이유가 무엇이겠는가? 죄의 실체를 직면했던 사람이라면 이러한 잘못된 관점의 '구원'에 대해 조금도 동의하지 않을 것이다. 구원에 대한 잘못된 관점은 단지 교육 예찬일 뿐이며 인간의 문화 및 여러 방법으로 구원을 이루어 보려는 태도이다.

우리는 성경과 인간의 체험을 통해 구원과 죄는 근본적인 것임을 발견한다. 하나님께서 아직 당신의 유전형질을 근본적으로 바꾸지 않으셨다면 기대하라. 감사하게도 하나님께서는 예수 그리스도의 속죄의 능력에 의하여 당신의 유전형질을 바꾸실 수 있다. 이 진리만이 죄에 대한 바른 관점이요 바른 생각으로서, 예수 그리스도의 삶과 죽음과 부활을 온전하게 설명할 수 있다. 즉, 주님께서 오신 이유는 죄를 다루시기 위함이지 인간들의 여러 작은 실수들을 수습해주시기 위함이 아니다. 인간들은 스스로 자신들의 실수를 해결할 수 있다.

> "주님이 오신 이유는 인간들에게
> 완전히 새로운 유전형질을 주시기 위함이다.
> 주님은 그분의 속성을 그들 안에 친히 심기 위하여 오셨다"

주님은 인간의 영혼 가운데 있는 사탄의 능력을 대항하는 정도가 아니라 사탄을 완전히 멸절시키기 위해 오신 것이다.

하나님께서 당신 안에 성령을 보내시고 당신을 예수 그리스도와 일치시키시면, 당신은 당신의 몸으로 어떤 삶을 살아야 할까? 당신은 여전히 전과 같은 몸과 욕구와 속성을 지니고 있다. 당신의 지체들은 과거에 죄의 종들이었다. 그러나 지금은 예수 그리스도가 당신의 본이 되신다. 주님은 자신을 아버지의 뜻에 희생하셨다. 당신도 성도로서 마찬가지여야 한다. 주님은 자신의 지성을 아버지의 뜻에 순복하셨다. 당신도 성도로서 마찬가지여야 한다. 주님은 자신의 뜻을 아버지께 굴복하셨다. 당신도 성도로서 마찬가지여야 한다. 예수 그리스도는 아담이 실패한 모든 것을 전부 다시 이루셨다. 사탄은 아담을 만났던 것과 똑같이 자신을 감추고 주님을 만났다. 성령은 예수 그리스도를 광야로 이끄셔서 사탄과 맞부딪히게 하셨다.

"네가 만일 하나님의 아들이어든…" 마 4:3,6.

사탄은 처음의 의심을 예수 그리스도에게 집어넣으려고 애썼다. 그러나 성공하지 못했다. 예수 그리스도는 하나님을 의심하기를 거절하셨다. 주님은 아버지의 말씀에 순종함으로써 사탄의 유혹을 이기셨다. 즉, 주님은 하나님의 음성에 순종함으로써 자연적인 생명을 영적인 생명으로 변화시키셨다. 우리도 성도로서 예수 그리스도께 순복하고 자연적인 생명을 주님의 뜻에 희생시켜야 한다.

구속에 대한 교육적 통찰

우리는 자신의 권리 주장을 위해서나
영적 축복을 누리기 위해 이 땅에 사는 것이 아니다.
우리는 단 한 가지의 목적, 곧 예수님처럼 하나님의 종이 되기 위해 이곳에 있다.
예수님의 죽음은 우리의 죄악을 용서해줄 뿐 아니라
우리의 속성이 예수님의 속성을 닮도록 만든다.

"하물며 영원하신 성령으로 말미암아 흠 없는 자기를 하나님께 드린 그리스도의 피가 어찌 너희 양심을 죽은 행실에서 깨끗하게 하고 살아 계신 하나님을 섬기게 하지 못하겠느냐"히 9:14.

십자가에 진실함

하나님과 동행하는 과정 속에서 성령께서는 우리를 더욱 신약성경의 주요 주제인 '하나님의 관점에서 보는 예수 그리스도의 죽음과 그 의미'로 이끄신다. 자신에 관한 권리 주장은 예수 그리스도의 죽음과 함께 단번에 제거되어 그 어떠한 모습으로도 다시는 나타나서는 안 된다. 이 의미가 무엇인지 더 깊게 깨달을 수 있도록 배워나가자. 십자가와 우리의 관계는 삶에서뿐 아니라 생각에서도 나타나야 한다.

"하물며…"

거듭남으로 거룩해진 후에 알아야 할 것이 얼마나 더 많겠는가? 모든 것을 알아야 한다! 물론 거룩해지기 전에는 아무것도 알지 못하였다. 그러나 이제 모든 것을 알 수 있는 위치에 서게 되었다. 즉, 우리는 십자가로 인도함을 받았고 십자가를 통하여 거룩하게 되었다. 무엇을 위해서인가? 하나님을 넘치도록 섬기기 위함이다. 예수 그리스도의 죽음과 일치된 이후의 성도의 삶은 어떠할까.

"성도의 삶은 이루 말할 수 없는 하늘의 영광의 자리에서 계곡으로 내려와 그 계곡에서 하나님을 섬기기 위하여 깨어지고 부서지는 것이다"

우리는 자신의 권리 주장을 위해서나 영적 축복을 누리기 위해 이 땅에 사는 것이 아니다. 우리는 단 한 가지의 목적, 곧 예수님처럼 하나님의 종이 되기 위해 이곳에 있다. 당신은 이 진리를 정확하게 깨닫고 있는가? 예수님의 죽음은 우리의 죄악을 용서해줄 뿐 아니라 우리의 속성이 예수님의 속성을 닮도록 만든다. 그래서 점점 우리 삶의 모든 영역이 구체적으로 예수님을 닮아가도록 한다. "하물며" 예수 그리스도의 죽음이 과거보다 오늘날 더 많은 의미를 부여하지 않겠는가? 당신은 죄로부터 놀랍게 해방되는 기이함과 사랑과 찬양에 푹 빠지기 시작했는가? 예수 그리스도의 속성을 닮아가면서 주님의 가족으로서 가지는 특징을 더욱 뚜렷하게 드러내고 있는가?

"그리스도의 피가 …"

흘린 피는 순교자의 피도 아니고 염소나 송아지의 피도 아니며 '그리스도의 피'이다. 하나님의 생명이 세상을 위하여 희생된 것이다. "하나님이 자기 피로 사신 교회"행 20:28라는 표현을 보라! 그 피에는 완벽하신 하나님의 모든 근본적인 속성들이 있고, 인류가 얻을 수 있는 가장 거룩한 것들이 있다. 예수님의 죽음은 인간의 속성이 저지를 수 있는 가장 깊은 죄의 자리까지 닿아 있다. 이러한 면은 대부분의 사람들이 생각해낼 수 없는 영적 차원이다.

십자가상의 절규, "엘리 엘리 라마 사박다니 … 나의 하나님, 나의 하나님, 어찌하여 나를 버리셨나이까"마 27:46를 우리가 헤아릴 수 있겠는가? 그 고통의 절규를 조금이나마 가깝게 느껴본 사람이 있다면 누구일까? 순교자들은 아니다. 그들은 하나님께서 그들을 버리지 않으셨음을 알고 있었기 때문이다. 선교지에서 사람들에게 버려져 죽게 된 외로운 선교사도 아니다. 사람들이 그를 버렸을지라도 하나님께서 자신을 버리지 않았음을 알기에, 그는 놀라운 기쁨을 체험할 수 있기 때문이다. 하나님께 버림받은 느낌을 조금이나마 맛본 자가 있다면 아마 가인이나 에서 혹은 가룟 유다 같은 자일 것이다.

"가인이 여호와께 아뢰되 내 죄벌이 지기가 너무 무거우니이다" 창 4:13.

"에서가 그의 아버지의 말을 듣고 소리 내어 울며" 창 27:34.

그러나 그 누구보다 예수 그리스도야말로 죄로 인하여 하나님께 버림받는다는 것이 무엇인지를 깊게 체험한 분이시다. 만일 예수 그리스도가 단지 순교자였다면 우리의 구원은 신화일 뿐이다. 그리스도의 절규가 의미하는 것처럼 성육신하신 하나님께서 주의 백성들을 지옥과 저주로부터 구원하기 위하여 죄와 일치되신 것이 아니라면, 우리는 매우 간교하게 조작된 신화를 따르고 있는 셈이다. 그 누구도 예수님의 절규의 깊이를 헤아릴 수 없다. 왜냐하면 이 절규는 하나님의 마음에서 나온 것이기 때문이다.

> "우리가 얻은 구원의 깊이와 높이는 오직 하늘 보좌에 앉으신 전능하신 하나님과 지옥의 중심까지 경험하신 예수 그리스도만이 측량하실 수 있다"

매우 경건하게 보이는 신자들마저 예수 그리스도의 죽음에 관한 이 위대한 주제를 가볍게 여기는 경향이 있다. 오직 십자가 앞에 설

때, 모든 경건의 위선을 벗을 수 있다.

당신은 현대의 정신에 물들어서 십자가를 단지 죄로부터의 구원이나 거룩의 본으로만 생각하고 있는 것은 아닌가? 십자가를 통하여 구원을 허락하시고 거룩하게 하시는 하나님께 감사드리자. 또한 구원과 거룩을 위하여 하나님께서 무엇을 지불하셨는가를 깨닫는 통찰력을 주신 것에 감사드리자. 하나님께서 예수 그리스도의 죽음과 우리를 일치시켰던 고동치는 그 힘이 우리의 증거에 다시 흐르게 하시며, 나아가 말로 다 표현할 수 없는 주님의 구원에 감사함으로 하나님께 헌신할 수 있는 열정을 주시기를 바란다.

"영원하신 성령으로 말미암아…"

예수님의 삶은 성령의 역사를 묘사한다. 성령께 우리를 주장하시도록 맡기면, 우리는 성령께서 우리 안에서 무엇을 하실지 알 수 있다. 예수님의 깊은 의식에는 영원하신 하나님이 친히 계셨다. 예수님의 모든 행위 뒤에는 영원하신 성령이 계셨다.

영원하신 성령께서는 우리 안에서는 우리를 중생케 하고 거룩케 하심으로, 우리의 영을 예수 그리스도와 하나 되게 하신다. 따라서 우리 속의 깊은 의식은 "하나님 안에서 그리스도와 함께 감추어져 있다"골 3:3. 우리는 오직 예수 그리스도 안에 완벽하게 성육신하셨던 영원한 성령을 의지함으로써 하나님께 받아들여진다. 우리 안에 계신 성령은 예수님의 죽음이 성육신하신 하나님의 죽음이라는 사실을 절대로 잊지 않게 하신다.

"곧 하나님께서 그리스도 안에 계시사 세상을 자기와 화목하게 하시며"고후 5:19.

"흠 없는 자기를 하나님께 드린 그리스도…"

자신을 드린 분이 누구신가? 하나님의 아들이시다. 그분은 흠이 없으시고 완벽하게 깨끗하시지만 십자가에 못박히셨다. 이 사실은 예수님께서 순교의 죽음을 당하셨다는 개념을 단번에 제거한다. 주님은 순교자가 근처도 갈 수 없는 죽음을 맞으셨다. 마음속에 전능하신 하나님의 대속적인 고통을 품은 채, 그분은 의인이 아니라 악인으로서 죽으셨다.

아브라함이 이삭을 제물로 바치는 사건이나 입다가 자기의 딸을 희생제사로 드리는 사건을 대할 때, 우리 안에 불쌍한 마음이 든다. 그러나 예수님의 희생을 조금이라도 연민의 차원에서 보면 안 된다. 주님의 희생은 우리의 연민을 초월한다. 그분의 죽음은 우리가 그분을 불쌍히 여기는 감상보다 훨씬 무한하게 심오한 차원이다. 그분의 죽음이 가지는 의미는 너무나 깊어서 우리에게 신비한 영역이다.

예수님은 마귀에게 사주를 받은 자들의 손에 의하여 친히 죽으신 것이다. 주님은 인류의 끓어오르는 미움이 한곳에 모인 십자가에 못박히셨다. 영원한 성령을 의지하여 자신을 희생 제물로 드리신 주님은 성령 안에서 사시다가 그 안에서 죽으셨다.

십자가의 복음에 진실하려면, 우리는 사람들이 죄인이라는 사실을 깨닫게 하기 위하여 하나님의 거룩을 먼저 선포해야 한다. 하나님의 사랑을 전할 때 그분의 타오르는 강렬한 거룩을 망각하면 안 된다. 우리는 '거룩하신' 하나님께서 우리를 사랑하신다는 사실을 강조해야 한다. 그러므로 하나님의 거룩을 먼저 선포해야 한다. 하나님의 거룩이 선포되면 우리는 죄책감을 느낀다. 죄를 드러내는 것은 하나님의 사랑이 아니라 그분의 거룩이다. 성령께서 죄를 책망하시면 우리는 하나님이 우리의 죄를 용서하실 수 없고, 용서하셔서도 안 된다는 사실을 깨닫는다. 만일 하나님께서 속죄함이 없이 죄를 용서하신다면, 사람들의 의분이 하나님을 정죄하게 될 것이다. 그러므로 우리는 하나님의 거룩과 함께 십자가의 속죄를 통한 용서의 사랑을 선포해야 한다.

양심에 진실함

"너희 양심을 … 깨끗하게 하고…"
예수님의 죽음과 관련한 심오한 깨달음은 우리에게 어떠한 영향을 미치는가? 히브리서 기자는 그 영향을 양심과 연관시킨다.

"하물며 … 그리스도의 피가 어찌 너희 양심을 죽은 행실에서 깨끗하게 하고 살아 계신 하나님을 섬기게 하지 못하겠느냐"히 9:14.

우리가 구원을 받고 거룩해질 때 양심은 어떤 반응을 보이는가? 병적으로 양심에 예민한 사람들은 예수님의 죽음에 대하여 깨달음이 없기에, 누군가에게 뭔가를 잘못한 후에 고통스러운 양심의 가책을 느낀다.

"아닙니다. 제가 이 사람에게 잘못했으니 제가 반드시 책임져야 합니다."

"십자가에 대하여 당신이 말해준 내용은 다 맞아요. 하지만 나는 너무 비열하고 악했던 나 자신을 용서할 수 없어요. 내가 책임져야 해요."

이런 말을 하는 사람들이 매우 고결해 보일지 모르지만 사실 이러한 교만이 예수 그리스도를 죽게 만들었다. 우리는 그저 모든 것을 내려놓으면 된다.

"나의 하나님! 내 안에 있는 모든 것이 죽어 마땅합니다. 십자가의 그 참혹한 죽음이 내게 마땅합니다. 주님, 그 십자가에 못박혀야 하는 대상은 예수 그리스도가 아니라 내 죄요 잘못입니다."

이렇게 고백하며 모든 것을 내려놓을 때 그리스도의 보혈이 우리의 양심을 씻는다. 그 후 우리 안에 무엇으로도 지울 수 없는 놀라운 자유함이 깃든다.

양심에서 가장 큰 문제는 잘못된 행위보다 잘못된 관계이다. 거듭난 이후에 우리가 잘못한 사람들에게 어떻게 해야 하는가? 가만히 앉아서 "지금은 어쩔 수 없지. 다 지난 일인데 내가 바꿀 수 있는 것이 없지 않은가!"라고 말해야 하는가? 감사하게도 하나님은 바꾸실 수 있다! 우리는 상대방에게 사과를 하고 편지를 써서 우리 나름대로 손상된 관계를 회복시킬 수 있다. 그러나 사과한다고 해서 인간관계가 그렇게 간단하고 쉽게 해결되지는 않는다. 우리가 거듭나면 하나님께서는 우리의 보이는 삶 뒤에 가려진 지옥과 같은 관계의 비극들을 들춰내기 시작하신다.

"속죄함을 받았으니 과거를 생각할 필요조차 없다"고 말하는 사람들이 있다. 그러나 성령에 의하여 양심이 살아나면 과거를 생각하게 된다. 바로 풀리지 않은 인간관계가 정확하게 우리의 신경이 마비되는 곳이요 사탄의 굴레가 역사하는 곳이다. 삶의 여정을 보면 깨어진 인간관계가 이곳저곳에 즐비하다. 우리의 잘못이든 다른 사람의 잘못이든 다시 회복될 수 없는 관계들도 있다. 그러나 성령이 이러한 왜곡된 삶을 노골적으로 보여주기 시작하시면 신기한 부담이 생긴다.

"그 관계를 어떻게 회복할 수 있을까?"

예수님께서 오신 목적을 모르는 대부분의 사람들은 예민한 마음의 고통으로 정신병자가 되기도 한다. 이 땅의 많은 정신병 환자들이 제대로 치유되지 못하고 있다. 그러나 예수 그리스도의 죽으심이 무엇을 의미하는지를 깨닫게 되면 고통이 치유된다.

> "우리의 상함은 모든 사람을 속죄하는 주님의 십자가의 효력을 통해 회복된다. 십자가의 효력은 우리 안에서 선물로 나타날 뿐 아니라 관계 회복에 동참하는 것으로 나타난다"

하나님의 은혜의 기적은 마침내 과거에 아무 일도 없었던 것처럼 만들어 놓으신다.

> "내가 전에 너희에게 보낸 큰 군대 곧 메뚜기와 느치와 황충과 팥 중이가 먹은 햇수대로 너희에게 갚아주리니" 욜 2:25.

예수 그리스도께서 우리의 양심을 씻기신다! 주님은 죄의 권능 및 죄로 인한 손상에서 자유하게 하실 뿐 아니라 죄 때문에 망가진 마음과 생각을 온전케 하신다. 죽은 행실로부터 우리의 양심이 깨끗하게 되면, 예수 그리스도는 우리의 양심을 다른 영혼을 깨끗하게 하는 간이역으로 사용하신다. 우리의 양심은 과거의 죄책으로부터 완전히 자유하고, 우리는 하나님의 마음을 가지고 중보기도를 드리게 된다롬 8:26-27.

"죽은 행실에서…"

"죽은 행실"이란 무엇인가? 하나님과 상관없이 행하는 모든 행실을 말한다. 모든 기도, 가르침, 증거, 심지어 희생적인 행위마저 하나님 없이 행해지는 것이라면 생명을 막는 죽은 행실이 된다. 잠시라도 '나의 나된 것은 하나님의 은혜'라는 사실을 잊지 말라. 하나님의 은혜가 아닌 다른 것에 의지하여 지금의 모습이 되었다면, 주의 자비가 임하기를 바랄 뿐이다! 하나님의 은혜를 통하지 않은 모든 것은 우리의 생명을 숨막히게 하는 걸림돌일 뿐이다.

오, 성도의 저주는 세상적인 잘남인 것을 깨닫는가! 아무것도 붙들지 말고 놓아두라. 오직 십자가에 진실하라. 예수 그리스도께서 당신의 죽은 행실로부터 양심을 깨끗하게 하시도록 하라. 많은 성도들이 거룩하게 된 이후에도 여전히 본성적인 덕에 대해 오해한다. 본성적인 덕은 우리가 바라보는 약속이 아니라 타락 이후에 피조된 인간에게 남아 있는 하나님 형상의 잔재이다. 우리는 본성적인 인내, 정직, 양심 등을 귀하게 여기고 나아가 하늘 위나 땅 아래에서 우리 안에 역사하시는 하나님의 은혜 외에 아무것도 의지하지 않는다. 인간의 도덕성 및 고상한 영적 자원들은 오히려 하나님으로부터 우리를 차단한다. 따라서 이 모든 것을 내려놓아야 한다.

"이제 내 손에는 자랑할 만한 것이 아무것도 없도다."

이렇게 모든 것을 내려놓을 때, 우리는 당장 바울이 말한 체험을 얻게 된다.

"내가 그리스도와 함께 십자가에 못박혔나니" 갈 2:20.

이후로 우리가 다시 세우는 삶은 하나님께서 우리의 양심을 모든 죽은 행실로부터 깨끗하게 하셨음을 증명한다.

"살아 계신 하나님을 섬기게 하지 못하겠느냐."

이 뜻은 예수님을 위하여 내려놓은 삶을 말한다. 예수님을 위하여 좁은 길을 걷는 삶이고, 의도적으로 그리 특별할 것 없는 평범한 삶이다. 갑자기 달아오르는 열광이 아니라, 오직 한 가지 목적을 향해 단단한 각오를 가지고 꾸준히 나아가는 삶이다. 그 목적은 예수님을 위하여 영혼을 얻으려고 다른 모든 것을 희생하는 것이다. 영혼을 향한 열정보다 더 무한하게 심오한 것은 예수 그리스도를 위한 성령의 열정이다.

한편 영혼을 얻겠다는 목적이 지나쳐 인간적인 정에 빠져드는 경우들이 있다. 하나님의 요청이 아닌 인간적인 요청 때문에 바른 섬김의 삶에서 어긋나는 경우도 많다. 인간들 간의 열정적인 사랑이 주를 섬기는 데 걸림돌이 되는 것이다. 이러할 경우 모든 섬김은 완전히 낭비일 뿐이다.

오, 하나님을 위한다고 하면서 철저하게 낭비되는 섬김을 해온 것은 아닌가! 슬피 우는 고통과 자기 연민, 기회를 놓친 후의 애통들…. 예수 그리스도는 주의 생애를 애통으로 한순간도 낭비하신 적이 없다. 사람이 무엇 때문에 한탄하는지를 보면 그의 마음이 어디에 가 있는지가 보인다. 사회적 양심을 가진 사람들은 사회에서 저질러지는 죄악을 보며 충격을 받는다. 종교적 양심을 가진 사람들은 자신의 신조와 부딪히면 충격을 받는다. 그러나 성령에 의하여 양심이 새롭게 된 사람들은 하나님의 영광에 대항하는 것들에 대해 놀랍도록 예민해진다.

나는 모든 영적인 문제의 해결 방안은 주 예수 그리스도께 모든 것을 내려놓는 것이라고 확신한다. 아무 계산도 하지 말고 조금도 주저하지 말고 주님께 모든 것을 맡기라. 당신이 주님께 모든 것을 완전하게 내려놓으면 절대로 절망할 수 없다. 당신의 구원과 거룩함으로 인하여 하나님께 감사하는가? 주님께서 당신의 양심을 죽은 행실로부터 깨끗하게 하심을 감사하는가? 그렇다면 한 단계 더 나아가, 예수 그리스도께서 당신을 이끌어 주의 죽음과 일치시키도록 하라. 모든 것을 버리고 오직 십자가 밑의 빛만 남겨두라. 삶의 모든 영역이 하나님 안에서 그리스도와 함께 감추어지게 하라.

3장

구원

예수 그리스도는 우리를 구원하셔서 우리 안에서 더 이상 '죄인'이 없게 하신다.
'은혜로 구원받은 죄인'이라는 표현은, 더 이상 죄인이 아니라는 뜻이다.
만일 내가 하나님께서 나의 죄를 파괴하시도록 맡기지 않는다면
오직 한 가지 결론 밖에 없다. 죄와 함께 파멸되는 것이다.

"칼을 피한 자들이여 멈추지 말고 걸어가라 먼 곳에서 여호와를 생각하며 예루살렘을 너희 마음에 두라"렘 51:50.

구원은 이 세상에서 가장 기쁘고 위대한 단어이다. 구원은 어떤 모양이나 형태로도 흉내 내는 것이 불가능하며, 구원을 받으면 각종 억압으로부터 자유케 된다. 구원은 죄인들을 향한 하나님의 은혜이다. 이 단어를 가장 적절하게 정의하려면 평생이 걸릴 것이다. 대부분의 사람들은 구원의 의미를 제한하여 거듭남 혹은 정죄함과 관련해서만 사용한다. 이 장에서 우리는 구원을 신학적인 차원이 아니라 현실적인 차원에서 다루고자 한다.

구원 안에 있는 파괴 요소

"칼을 피한 자들이여…"

예레미야 51장은 전체 페이지마다 불로 타오르고 있다. 강하고 맹렬한 파멸로 가득하다. 그러나 그 파괴 속에서 하나님의 목적을 보여준다. 즉, 주께 속한 선한 것을 구원하시는 것이다. 성경에서는 '파괴를 위한 파괴'를 볼 수 없다. 인간과 사탄은 파괴를 위한 파괴를 하지만, 하나님은 절대로 그렇게 하지 않으신다. 하나님께서는 선한 것을 구하시기 위하여 악한 것과 마귀를 멸하신다.

칼의 목적

'칼'은 사람이 구원받는 것을 방해하는 모든 것을 파괴한다. 구원의 과정에서 첫째 단계는 파괴이다. 이는 대부분의 사람들이 거부하는 단계이기도 하다. 이를 염두에 두고 주님께서 사명에 대하여 하신 말씀을 살펴보자.

> "내가 세상에 화평을 주러 온 줄로 생각하지 말라 화평이 아니요 검을 주러 왔노라"마 10:34.

주님은 죄를 은폐하면서 누리는 모든 평화와 행복과 무지를 파괴하는 자로 자신을 드러내신다마 3:10. 예수 그리스도가 평화를 가져오시는 분이 아니라는 말이 참으로 기이하게 들릴 수 있다. 그러나 주님은 친히 자신이 화평을 위하여 오신 게 아니라고 말씀하셨다. 그분이 추구하시는 한 가지는, 사람들의 참된 해방과 자유를 방해하는 모든 것을 파괴하시는 것이다. 행복하고 번창하고 평화롭다는 사실이, 하나님의 칼로부터 안전함을 뜻하지는 않는다. 비록 행복과 평화와 안전을 누리더라도 구원받지 못한 인생이라면 오래지 않아 칼을 맞게 될 것이고, 결국 모든 평화와 쉼과 기쁨은 파괴될 것이다.

칼의 위험

"하나님께서는 죄를 미워하시지만 죄인을 사랑하신다"는 표현은 옳게 들리지만 사실 위험한 말이다. 잘못 받아들이면, 하나님은 사랑이 매우 많으셔서 절대로 죄인을 벌하지 않으신다고 들릴 수도 있기 때문이다. 예수 그리스도는 우리를 구원하셔서 우리 안에 더 이상 '죄인'이 없게 하신다. '은혜로 구원받은 죄인'이라는 표현은, 더 이상 죄인이 아니라는 뜻이다. 만일 죄인이라면, 그는 구원받은 것이 아니다. 만일 내가 하나님께서 나의 죄를 파괴하시도록 맡기지 않는다면 오직 한 가지 결론 밖에 없다. 죄와 함께 파멸되는 것이다. 주님의 임재의 빛은 죄를 책망한다.

> "내가 와서 그들에게 말하지 아니하였더라면 죄가 없었으려니와 지금은 그 죄를 핑계할 수 없느니라 나를 미워하는 자는 또 내 아버지를 미워하느니라 내가 아무도 못한 일을 그들 중에서 하지 아니하였더라면 그들에게 죄가 없었으려니와 지금은 그들이 나와 내 아버지를 보았고 또 미워하였도다" 요 15:22-24.

죄는 의식되지 않는 한, 아무도 그것에 대해 탓하지 않는다. 위 구절은 구원의 요소 속에 '파괴'가 있음을 알려준다. 사람들은 쉽게 "아무런 죄의식을 느끼지 못한다"고 말한다. 그러나 예수 그리스도를 만나는 순간부터 자신과 주님의 간격을 인식하면서, 자신의 죄를 감출 수도 없고 변명할 수조차 없게 된다. 만일 주께서 드러내신 죄악에서 벗어나 나를 구원하시도록 주님께 맡기기를 거부한다면, 나는 주님이 폐하고자 하시는 대상과 함께 파멸될 것이다.

"하나님의 아들이 나타나신 것은 마귀의 일을 멸하려 하심이라" 요일 3:8.

칼의 힘

고대 전설에 어떤 대장장이가 엄청난 칼을 만든 후에 유명해진 이야기가 있다. 그는 자신의 칼이 어떠한 갑옷도 한 칼에 두 조각 낼 수 있다고 주장하였다. 왕은 그 이야기를 듣고 대장장이를 불러 왕의 갑옷을 자신 앞에서 한 칼에 조각내 보라라고 명하였다. 만일 그렇게 하지 못하면 허튼 자랑을 하였기에 사형에 처할 것이라고 위협했다. 그러자 대장장이는 칼을 가볍게 한번 휘두르고는 다시 칼집에 넣었다. 그러자 왕은 이상한 행동을 한 대장장이에게 결투를 신청하려고 했고, 대장장이는 "몸을 한번 흔들어 보십시오, 폐하"라고 말하였다. 왕이 몸을 흔들자 왕은 놀랍게도 두 조각이 나 쓰러지고 말았다. 이

전설은 비유적으로, 하나님의 손에 있는 칼이 얼마나 무서운 힘을 가지고 있는가를 설명해준다.

> "구원의 투구와 성령의 검 곧 하나님의 말씀을 가지라"엡 6:17.
> "하나님의 말씀은 살아 있고 활력이 있어 좌우에 날선 어떤 검보다도 예리하여"히 4:12.

하나님의 말씀은 우리 안의 죄를 효과적으로 다룬다. 한동안 우리는 아무것도 의식하지 않을 수 있다. 그런데 갑자기 하나님께서 위기를 가져오시면 우리의 모든 것은 저 밑바닥부터 바뀌고 만다. 하나님의 말씀을 들은 후에 우리는 이전과 같을 수 없다. 절대로 그럴 수 없다. 하나님의 말씀을 별 신경 쓰지 않고 들었다고 생각했더라도, 몇 달 후에 위기가 찾아오면 갑자기 하나님의 말씀이 우리에게 임하여 우리의 목을 조른다. 말하자면 삶 가운데 지옥의 공포를 느끼는 것이다. "어디서 이러한 말씀이 온 것이지?"라고 물을 수 있다. 이는 몇 년 전, 몇 달 전, 심지어 몇 주 전에 들었던 하나님의 말씀이 무의식적인 마음에 임하였다가 갑자기 나타난 것이다. 우리는 주의 말씀이 우리 안에 거하는 줄 모르고 있었지만 하나님은 알고 계셨다. 이제 질문은 이것이다. 당신은 하나님의 칼을 피하겠는가, 아니면 그 칼이 찌르려는 것들과 함께 멸망하겠는가?

당신의 삶을 돌아보고 과거의 관점과 지금의 관점을 비교해보라.

과거에 그토록 거부했던 관점을 지금도 붙들고 있지는 않는가? 당신은 무엇 때문에 바뀌게 되었는가? 당신이 정직하다면 스스로의 의식으로 바뀌었다고 말할 수 없을 것이다. 주의 말씀은 결코 헛되이 돌아오지 않는다고, 주께서 말씀하셨다사 55:10-11. 하나님의 말씀은 반드시 그 목적을 이룬다! 하나님의 말씀 안에는 능력이 있다.

하나님의 종으로서 당신은 사람들이 말씀을 싫어하여 거절하든 아니면 즐거워하든 그들의 반응과 상관없이 말씀을 선포해야 한다. 그들이 당신을 어떻게 생각하든 당신은 그들의 반응에 절대적으로 무관심한 가운데 말씀을 선포해야 한다. 만일 하나님의 말씀이 청중의 마음에 신실하게 뿌려졌다면 조만간 그 말씀의 효과는 드러나게 되어 있다. 가장 큰 함정은 청중에게 인정을 받고 싶어서 그들이 원하는 말을 하게 되는 것이다. 우리는 말씀을 전파하는 대상에게 인정받기를 기대해서는 안 된다.

"너는 진리의 말씀을 옳게 분별하며 부끄러울 것이 없는 일꾼으로 인정된 자로 자신을 하나님 앞에 드리기를 힘쓰라"딤후 2:15.

누구에게 인정받도록 힘써야 하는가? 사람들인가? 아니다. 오직 하나님이다. 나는 주님의 참된 종들 중에서 사람들에게 항상 받아들여질 만한 말만 하는 사람을 본 적이 없다.

하나님의 일꾼으로서 당신의 삶은 언제나 당신이 경험하지 못했던 진리들을 접하게 된다. 당신이 다른 사람들에게 그들이 전에 한 번도 체험하지 못했던 진리들을 알려주면, 그들은 "나는 동의할 수 없어"라고 말한다. 이때 논쟁을 하는 것은 어리석다. 하나님의 말씀에 어긋남이 없다면 그대로 두라. 그들 스스로 실수를 발견하도록 하라. 삶을 흔드는 위기가 찾아오면, 그들은 자신들을 붙들어주던 과거의 생각들이 틀렸다는 사실을 발견하게 될 것이다. 무슨 일이 발생한 것인가? 하나님에 의한 파괴가 진행된 것이다. 그러면 그들에게 결정을 내려야 할 순간이 온다. 파괴되어야 하는 것들 편에 설 것인지, 칼을 드신 분의 편에 설 것인지를 결정해야 한다.

> "어떤 교리의 심오함은 그 교리가 죄와 그 치유에 대해 어떤 인식을 가지고 있는지에 달려 있다"

당신은 죄가 교정될 수 있다고 보는가, 아니면 파괴되어야 한다고 보는가? 만일 죄가 단지 교정이 필요한 정도라면, 성경에서 상징은 채찍이지 칼이 아니었을 것이다. 그러나 하나님은 죄에 대해 죽이기 위한 상징을 사용하신다. 즉, 죄란 죽여야 하는 것이다. 하나님의 말씀에 근거하지 않은 사상들에 빠지지 않도록 주의하라.

예를 들어 매일 죄를 점점 덜 지을 것이라는 사상에 빠진다면, 예수 그리스도의 구원이 우리에게 결코 임하지 않은 것이다. 그러나 만일 은혜 가운데 매일 성장하고 있다면, 이는 하나님의 파괴적인 힘이 우리 안에서 역사하고 있다는 표시이고 우리가 영적 성장을 막는 것들로부터 구원 받았음을 말해주는 표시이다. 죄에 대한 관점은 항상 구원에 관한 견해와 연관된다. 오늘날 주님과 무관한 견해들이 슬며시 교회에 파고들고 있다. 따라서 우리는 더욱 주의해야 한다. 죄는 반드시 파괴되어야 하는 것이지 고쳐질 수 있는 수준이 아니다. 참된 자유를 위해서 죄와 관련된 것들은 반드시 무너져야 한다. 바벨론에서 이스라엘을 구원하시는 분은 언제나 하나님이신 것처럼, 죄로부터 주의 백성을 구원하시는 분은 예수 그리스도시다.

구원의 방향

"멈추지 말고 걸어가라."

주님의 가르침을 "가라"는 단어와 연결하여 연구해보면 놀라운 사실을 발견할 것이다. 당신은 모임 가운데 "가라"와 "받으라"라는 단어 중 무엇을 더 많이 사용하는가? 우리는 "받으라"라는 단어를 강조하지만 성경은 "가라"를 강조한다. 만일 칼날을 피하였다면 "가라!"

죄의 마비

노예의 신분으로 태어난 사람은 갑자기 자유가 주어질 때 종종 과거로 돌아가기를 더 선호한다. 실제로 미국에서 노예들이 해방되었을 때, 그들은 갑자기 주어진 자유로 무엇을 해야 할지 몰라 어안이 벙벙했다. 전에 자유를 누린 적이 없기 때문에 어쩔 줄 몰라 하다가 다시 본래 주인에게 돌아가기를 청원한 노예들이 많았다. 이러한 마비 현상이 구원을 받았을 때도 나타난다. 죄인들이 처음으로 구원을 받으면 이러한 마비 현상의 순간들을 겪게 되는데, 그러면 그들은 하나님께서 당장 자신들을 유혹이 전혀 없는 천국으로 데려가기를 바란다. 말로 표현하지 않더라도 속으로 그렇게 원한다.

'그래, 나는 하나님께서 나를 죄로부터 구원해주심을 믿어. 하나님께서 성령으로 채우심도 믿지. 하나님이 나를 곧장 천국으로 데려가시면 참 좋을 텐데. 그러나 나는 악을 행하는 자들과 더러운 입을 가진 자들 사이에서 여전히 살아야 해. 더구나 과거에 내가 계속적으로 죄에 빠졌던 기억은 미래에도 그렇게 되지 않을까 하는 두려움을 줘.'

사탄은 이러한 마비의 순간을 최대한 활용한다. 따라서 구원 받은 자들에게는 '방향'이 필요하다. 많은 복음 초청 집회에서 나타나는 함정이 바로 이것이다. 사람들은 이렇게 말하도록 배운다.

"오 감사합니다. 하나님, 저는 구원 받았습니다."

"하나님, 감사합니다. 저는 깨끗하게 되었습니다."

그러나 그들에게 방향이 제시되지 않았다. 성경이 주는 조언은 다음과 같다.

"하나님이 당신에게 계시하신 진리를 증거하라. 그리고 앞으로 나아가라."

그러나 사람들은 이러한 방향을 알지 못하기에, 퇴보하기 시작한다. 나는 성경이 제시하는 방향을 바르게 제시하는 가르침을 들어본 적이 거의 없다. 그 방향을 한마디로 요약하면, "가라"이다.

구원 받은 자의 고통

오랫동안 묶여 있던 손과 발이 풀리면 그 순간에 지독한 고통을 경험한다. 이 고통은 생명이 있다는 표시이다. 맨 처음에 하나님의 진리를 깨닫게 되면 일반적으로 환희의 순간을 맛보게 된다. 삶은 기쁨과 행복과 희망으로 차고 넘친다. 아무런 고통이 없고 단지 말로 표현할 수 없는 측량 못할 즐거움만 있다. 그러나 "가라"는 말씀에 따르기 시작하면 구원의 '성장통'을 겪기 시작한다. 이때 사탄이 광명한 빛의 천사로 가장하여 다가와서 "그만 가라. 이제 멈춰라"라고 말한다. 심지어 찬송의 언어로 이렇게 속삭인다.

"고통을 피하고 영원한 지복만 누리세!"

우리는 영적으로 어떻게 행해야 하는지를 충분히 배우지 않았고 구원 받기 전까지 죄에 속박되어 있었다. 이 사실을 잊지 말라. 바울은 다음과 같이 표현하였다.

> "전에 너희가 너희 지체를 부정과 불법에 내주어 불법에 이른 것 같이 이제는 너희 지체를 의에게 종으로 내주어 거룩함에 이르라"
> 롬 6:19.

위 구절은 우리의 지체를 다르게 사용하라는 말이다. 글만 쓰던 어떤 사람이 대장장이가 되었다고 하자. 그는 사용하지 않던 근육을 쓰느라 한동안 고통을 당할 것이다. 그러나 계속 연습하면 시간이 지나면서 고통이 사라지고 대신 새로운 일에 맞추어진 근육이 만들어진다. 영적으로도 마찬가지이다. 하나님은 우리에게 영적으로 어떻게 행해야 하는지를 계속 가르치시는데, 우리는 고통스럽다고 짜증내며 불평한다. 하나님께서 영적 유아 상태에서 끝없이 짜증만 내는 우리를 구출해 내시기를 바란다.

"똑같은 것만 계속 가르쳐 주세요. 고통을 주는 하나님의 계시를 말씀하지 마세요. 쉬운 복음만 알려주세요."

이 말은 항상 믿어온 것은 믿겠지만 전에 생각해보지 못한 것들은 고통스러우니까 가르치지 말아달라는 의미이다히 5:12. 물론 하나님은 이러한 부탁을 듣지 않으신다. 하나님께서 구원 받은 자들에게 고통을 허락하심에 감사하자. 그 성장통 때문에 우리는 하나님의 자녀로 성숙되어 그분의 자녀답게 행할 수 있다.

구원의 열정

주님께서 "보라 우리가 예루살렘으로 올라가노니"눅 18:31라고 말씀하실 때, 이는 가만히 서 있지 말고 나아가라는 열정을 의미한다. 짧든 길든 은혜 가운데 있었던 당신의 신앙생활을 돌아보라. 당신이 어떤 기간에 하나님을 가장 많이 알게 되었는지 자문해보라. 모든 것이 형통하고 평안하고 번영할 때였는가? 절대 그럴 리 없다! 어려움의 때, 긴장의 때, 갑작스러운 사고의 때였을 것이다. 그 기간은 삶의 한계를 느끼고 "가라"는 열정을 배우는 때이다. 자연 세계 속에서 큰 재난들, 곧 죽음, 질병, 사별 등을 겪은 사람은 이전과는 전혀 다른 사람이 된다. 만일 우리가 언제나 안락한 삶만 산다면 '어두움에 감추어진 보화'를 결코 보지 못할 것이다. 그러나 하나님께 감사하게도, 구원이란 하나님이 우리를 나약하게 만드시는 것을 의미하지 않는다. 오히려 하나님의 구원은 처음으로 우리를 사람답게 만들기 시작한다.

"성령의 열정이란 우리가 하나님이 원하시는 길로 하나님과 함께 나아가도록 하는 것이다"

성령께서는 우리가 나아갈 방향을 알려주시기 때문에, 이를 모르는 책임은 우리에게 있다. 하나님께서는 "나의 백성은 깨닫지 못하는도다"사 1:3라고 말씀하셨다. 이는 우리가 성경에 신경 쓰지 않았음을 의미한다. 우리는 "나는 이 주제에 대하여 깊이 생각하고 싶지 않아. 끌리지 않아"라고 말한다. 실제로 이렇게 말하지는 않더라도 이러한 생각들을 가지면, 언제나 하나님과 함께 나아갈 수 없다. 성령은 우리가 자연적으로 애착을 느끼지 않는 주제들을 직면하게 하신다. 그래야 하나님의 종으로서 충분한 자질을 갖출 수 있기 때문이다.

구원의 훈련 요소

"먼 곳에서 여호와를 생각하며 예루살렘을 너희 마음에 두라."
하나님의 집에서 멀리 떨어진 이방 땅에서라도 주님을 기억하면 당신은 충분히 강해질 것이다. 이러한 관점에서 주님이 하신 말씀을 주목해보자.

"이를 행하여 나를 기념하라"눅 22:19.

성찬을 거행하는 이유는 가신 분을 기념하기 위함이 아니라 언제나 이곳에 계신 분을 기억하기 위함이다.

위험한 안심

안심은 스스로 안정감을 가지는 어리석은 느낌을 말한다. 종종 병든 사람들 중에 자기 몸은 아무렇지도 않다고 생각하며 위험한 안심에 빠지는 사람들이 있다. 성도들 중에도 이러한 위험을 안고 있다. 존 번연은 이러한 위험을 '홀리는 땅' enchanted ground, 「천로역정」 1부에 나오는 곳으로 신앙의 여정 가운데 반드시 지나는 유혹의 과정을 의미한다-역주이라고 불렀다벧후 1:12-13. 우리도 "그래, 지금 모든 것이 다 좋아. 이곳에서 쉴 수 있겠어"라고 안심할 때마다 사실 위험에 처한 것이다. 우리에게 유일한 안심의 장소가 있다면 그곳은 우리의 체험 안이 아니라 주님 안이다.

"구원과 거룩의 체험이 있다고 해도 안심해서는 안 된다. 주님 안에서만 안심하라"

다른 곳에서 안심을 느끼면서 "오 하나님, 감사합니다. 이제 안심입니다"라고 하면, 당신은 분명히 사탄에게 패하게 될 것이다.

하나님의 명령

"먼 곳에서 여호와를 생각하며…"

생각하라는 명령은 단지 기억하라는 말이 아니라 마음속에서 주님과 자신을 다시 일치시키라는 의미이다. 우리가 이 명령에 소극적인 자세를 취할 때 큰 위험에 빠진다.

"장애물들과 난관들이 마치 감옥의 벽과 같을 때, 나는 모든 것을 주께 맡기고 누워 잠이 드네."

이런 자세는 영적으로 메말라가는 단계를 보여준다. 영적 질병이 몰래 임하는 것을 막기는 정말로 어렵다. 신체적인 피곤은 계속적으로 몸으로 느껴지지만 영적인 피곤은 한번 익숙해지면 깨닫지 못하게 된다. 영적 피곤의 증상은 이렇다.

'은혜가 넘치지 않더라도 전에 한번 받은 은혜로 계속 버티자. 하나님은 아주 좋은 분이시니 이 정도야 봐주시겠지. 나는 과거에 주를 위하여 많은 일을 했으니 지금은 쉬어도 괜찮겠지.'

이러한 생각이 든다면, 당신은 지금 영적으로 병들어 있는 게 확실하다. 주께서 말씀하셨다.

"내가 온 것은 양으로 생명을 얻게 하고 더 풍성히 얻게 하려는 것이라"요 10:10.

예수님께서는 우리에게 생명을 주기 위하여 오셨지, 우리가 게으르고 안일에 빠지라고 오신 것이 아니다. 우리가 영적 게으름에 빠질 때마다 "주저앉거나 멈춰 서지 말고 앞으로 나아가라"는 주의 낭랑한 목소리가 들린다!

당신의 삶을 돌아보면 알 것이다. 당신이 영적으로 메마른 위험에 처할 때마다, 또한 궤도를 벗어나 '홀리는 땅'에 들어갈 때마다 하나님은 당신의 영혼에 은혜를 베푸셨다. 그 은혜 안에서 하나님은 당신의 삶에 지진을 허락하심으로써 모든 것이 박살나고 당신도 무너지게 하셨다. 당신은 한동안 당황하고 놀란 상태에 있겠지만 얼마 후 갑자기 주께서 당신을 다시 일으키신다.

"우리가 여기에는 영구한 도성이 없으므로 장차 올 것을 찾나니" 히 13:14.

"먼 곳에서 여호와를 생각하는 것"은 우리가 주님을 닮아야 한다는 사실을 기억하는 것을 뜻한다.

헌신된 지성

"예루살렘을 너희 마음에 두라."

하나님의 빛이 비치는 '예루살렘'을 우리 마음에 두어야 한다. 자문해보자.

'나는 마음에 무엇이 들어오도록 하는가?'

정원을 내버려두면 정원은 잡초로 무성해지다가 폐허가 된다. 성도의 마음도 그대로 내버려두면 사탄의 까마귀들이 몰려드는 쓰레기장이 된다. 성도가 자기의 마음을 돌보지 않을 때 그곳에서 어떤 것들이 자라나는지, 바울의 글을 읽고 확인해보라. 예를 들어, "음란, 부정, 사욕, 악한 정욕, 탐심" 등이다골 3:5. 예루살렘을 마음에 두라는 명령은 우리가 얻는 지식을 주의하고 그 지식을 한 가지 목적을 위해 헌신하라는 뜻이다. 즉, 하나님의 빛이 비치기에 합당한 것들만 받아들여야 한다.

"… 두라."

이것은 명령이다. 따라서 당신의 마음을 주의 깊게 다스려 하나님께 합당한 생각들만 받아들이라. 그리고 밤마다 잊지 말고 기도하라.

"악에서 구하시옵소서"마 6:13.

간절히 드리는 이 기도는 주님께서 우리의 마음과 꿈을 지켜주실 것을 간구하는 자세이다. 주께서는 이러한 기도에 반드시 응답하실 것이다.

실체

자연적 차원의 자아실현은 하나님을 고려하지 않는다.
오직 자신을 위하여 살고 자신을 위하여 죽는다.
죽음과 절망으로 인도하는 것이 자아실현이다.
자아실현은 그리스도실현과 완벽하게, 그리고 근본적으로 상반된다.
참된 자아실현은 주님의 삶에서 잘 드러난다.
즉, 인간을 완벽하게 이해한 가운데 하나님과 완전한 조화를 이룬다.

내 영혼 깊은 곳 어딘가에

비밀스러운 내가 잠들고 있는 것 같다.

아무도 깊은 잠에서 나를 깨우지 않으며

친구마저 주위의 구름을 흩지 않는다.

그러나 나의 행운의 책에는

"어느 날 음악을 연주하는 손길과 함께 음성을 듣게 될 때

잠든 내가 온전히 깨어 일어나 가장 충만한 삶을 살게 되리라"

라고 기록되어 있다.

"또 무리에게 이르시되 아무든지 나를 따라오려거든 자기를 부인하고 날마다 제 십자가를 지고 나를 따를 것이니라"눅 9:23.

실체란 우리의 생명 가운데 숨겨진 모든 능력이 그 자체와 완벽한 조화를 이루고 하나님과 완벽한 조화를 이루는 것을 말한다오스왈

드 챔버스에게 '실체'란 영원히 흔들림 없는 존재 및 사건을 의미한다. 따라서 성삼위일체 하나님과 그분의 영원한 계획, 특히 십자가의 구속 및 예수 그리스도의 부활, 하나님의 보좌 등이 실체에 해당한다-역주. 우리 중에 그 누구도 이러한 완전한 의미에서 실체가 될 수 없다. 우리는 성령에 순종하면서 조금씩 실체에 가까워진다. 이는 가짜인가 실체인가, 위선인가 실체인가의 문제가 아니라 우리의 진심이 하나님을 향하는가의 문제이다.

"우리는 자신에게 또한 다른 사람들에게 완벽하게 진실할 수 있다. 그럼에도 그 진심이 하나님과는 아무런 관계가 없을 수 있다"

이 경우 그 진실은 주님과 관련이 없다. 진심이 예수 그리스도를 향할 때는 자신 및 다른 사람들과 조화를 이룰 뿐 아니라 하나님과 조화를 이룬다. 하나님께서는 이러한 위대한 실체를 향하도록 우리에게 역사하시며 우리가 주께 순종할 때 우리는 실체를 향하여 수고하게 된다.

자연적 차원의 자아실현

"아무든지 나를 따라오려거든…"

자아를 의식하는 것은 고통스러운 과정이다. 생명이 시작될 때는 자아를 의식하지 않는다. 어린이들은 주변 사람들과 자기를 구별하려는 자아실현이 없어서, 주변 사람들과 완벽한 조화를 이룬다. 그러나 자라나면서 자기를 실현하기 시작하면, 자아를 의식하게 되고 고통을 느끼기 시작한다. 자신이 다른 사람들과 다르다는 사실을 발견하면서 아무도 자기를 이해하지 못한다고 생각한다. 그리고 점점 자만이나 우울함에 빠지게 된다.

개별주의의 느낌

인생에서 가장 결정적인 순간은 자신이 다른 사람들과 개인적으로 분리되어 있다는 사실을 깨달을 때이다. 그때 자신이 다른 사람들과 다르다고 생각하기 시작하는데, 이 생각이 드는 순간부터 '나'는 자신에게 법이 된다. 이 말은 내가 하는 모든 일에 내 나름대로의 이유가 있지만 다른 사람이 하는 일에는 그 이유를 적용하지 않는 것을 뜻한다.

"내가 받은 유혹은 특이한 거야."

"내 상황은 너무 이상해. 내 속에 있는 특이한 성향들은 나 외에는 아무도 모를 거야."

이처럼 내가 다른 사람과 다르다는 것을 느끼는 처음 순간은, 모든 불법과 부도덕의 씨앗이 뿌려지는 때이다.

직감

다른 사람이 모르는 것을 나는 안다는 느낌, 내게는 특별한 직감이 있다는 생각은 개별주의의 느낌보다 더 위험하다. 이러한 느낌은 종교적인 속성을 띤 영적 기만으로 나아가고 자연적인 속성의 지적 교만과 견줄 만하기 때문이다.

고립된 느낌

외로움을 느낄 때 잘못된 애착에 빠질 위험이 크다. 아가서에 있는 놀라운 구절을 주목한 적이 있는가?

"내 사랑이(사랑하는 자가) 원하기 전에는 흔들지 말고 깨우지 말지니라"아 2:7 ; 3:5.

세상과 육체와 마귀의 힘은 영혼의 참된 연인, 곧 주 예수 그리스도가 나타나시기 전에 영혼의 사랑을 흔들어 깨우려 한다. 교회에서 복음을 위하여 봉사할 때 영적인 면보다 도덕적인 면을 더 강조하게 되면 이러한 함정에 빠지게 된다. 복음을 위한 봉사를 영적으로 생각해야 마땅한데, 그것을 세상의 도덕적 기준에서 생각할 때 문제가 발생한다. 도덕적 기준으로 보면 자신이 하는 영적인 일들이 전혀 논리적이지 않아 보인다. 또한 혼자 외롭게 일하고 있다고 느낄 수 있다. 이때 두려움이 찾아와 동료를 구하게 되는데, 사탄이 필요를 채워주기 위하여 그 자리에서 기다리고 있다.

"너무 오래 문을 두드리고 있으면 마귀가 문을 열지도 모른다"는 오랜 격언을 기억하라. 성경은 바른 인내도 있지만 잘못된 인내도 있음을 지적한다.

자연적 차원에서 자아실현을 한다는 의미는 본성적 차원에서 자신의 속성을 개발한다는 뜻이다. 개별적인 존재인 나는 나와 같지 않은 그 누구도 나 자신을 가르치지 못하도록 신경 쓴다. 내 영혼은 내가 아끼고 사랑할 수 있는 어떤 자연적인 속성에 강한 애착을 느낀다. 외로움을 많이 느끼기 때문에 동료가 되어줄 친구들을 선택한다. 한편, 성령은 주께서 창조하신 자연적인 취향들이 바른 채널을 통하여 흘러오지 않을 경우, 그 취향들을 강하게 거부하신다.

청소년들에게는 자연스러운 신체의 성장과 함께 여러 종교적인 표시들이 나타나지만 그 가운데 전혀 영적이지 않은 것들도 많다. 십대 청소년들 중에는 놀라울 정도의 종교적 취향을 나타내는 소년 소녀들이 있다. 이러한 종교적 취향을 무조건 성령의 역사로 오해해서는 안 된다. 성령의 역사일 수도 있고 그렇지 않을 수도 있다. 이러한 순간에 사역자들은 영적 분별을 할 수 있어야 한다.

참된 영적인 생명이 있는 곳마다 언제나 예수 그리스도가 최우선

이 된다. 성령의 역사가 아닐 때에는 하나님에 대한 인식이 애매해진다. 청소년들은 이것저것 모든 것에 열망이 많고 간절함이 크지만, 그 열망과 간절함은 하나님께 향한 것일 수도 있고 그렇지 않을 수도 있다. 이들에게 가장 큰 필요는, 성령께서 예수 그리스도를 소개하시는 일이다.

"주님께 최고의 기쁨의 순간은 한 사람이라도 영적으로 깨어나는 때이다. 여기서 엄청난 중보의 능력이 역사한다"

복음을 믿는 부모님들과 선생님들과 친구들이 자신들과 다른 사람들의 영적 각성을 기대할 수 있는 이유는 중보기도 때문이다. 즉, 성령께서 믿는 자들의 중보기도에 응답하심으로써 각성의 순간들을 허락하시기 때문이다. 이때 성령은 세상과 육체와 마귀를 꼼짝 못하게 붙드시고 청소년들의 참친구 되시는 주 예수 그리스도를 소개하신다.

당신에게 중보기도가 얼마나 중요한지 분명하게 알려줄 수 있다면 좋으련만! 마귀가 가장 염려하는 한 가지는 중보기도이며 끝까지 못하게 막으려는 것도 중보기도이다. 만일 우리가 "기도는 중요하지 않아. 청소년들은 아직 너무 어리고 경험도 없잖아"라고 말한다면 마귀는 안심한다. 먼저 중보기도로 선수를 쳐서 마귀를 막으라!

우리는 인간의 자아실현의 속성이 언제부터 시작되는지 알지 못한다. 매우 어릴 때부터 혹은 이후일 수 있다. 그러나 분명한 것은 예수 그리스도께서 우리에게 말씀하신 것처럼, 중보기도에 의해 하나님의 위대한 능력이 우리의 상상을 초월하여 역사한다는 사실이다. 주 예수님을 만날 때 우리는 부끄러움을 느낄 것이다. 왜냐하면 주께서 우리에게 중보기도를 하라고 사람들을 보내주시고 경고할 기회를 주셨는데, 우리의 눈이 너무 가려져 있고 무지했음을 깨닫기 때문이다. 우리는 그들을 위하여 기도하는 대신 그들의 잘못을 지적하기에 바빴다. 그러나 우리는 무엇이 잘못되었는지를 찾아내려고 애쓸 필요가 없다. 우리가 할 일은 기도이다. 그래서 그들에게 각성이 찾아오면 그들이 가장 먼저 만나게 되는 분은 예수 그리스도가 될 것이다.

한편, 성령의 역사가 아닌 본성적 차원에서 각성의 순간을 맞이하는 사람은 둘 중 하나, 자신의 삶을 새롭게 하든지 아니면 망치는 기회를 갖게 된다. 예수 그리스도의 모습이 그의 인간적인 선호에 잘 맞으면, 그는 마치 초기의 제자들처럼 자연스럽게 예수님께 매료된다. 아직 거듭나지는 않았어도 그의 인간적인 속성이 예수 그리스도께 매료될 수 있다. 이러한 삶에 마귀가 역사할 수 있는 기회는 매우 희박하다. 그러나 세상, 육체, 마귀가 그 사람을 먼저 사로잡으면 예수 그리스도가 그를 찾기 전에 대혼란을 겪어야 한다.

그리스도실현

"자기를 부인하고…"
예수님은 자연적인 차원의 자아실현의 자리에 서 있는 자들에게 말씀하신다. 이제 그들에게 주님과 일치할 것을 요구하신다.

> "자기부인은 하나님께 합당한 분명한 충성만을 의미하지 않는다.
> 자기부인은 가장 준엄하고 분명하며 넘치는 능력의 말씀을
> 소유하신 주님께 자신을 일치시키는 것을 의미하고,
> 이는 우리의 영원한 운명을 결정한다."
>
> — 데니 1856-1917, 스코틀랜드 신학자이며
> 오스왈드 챔버스에게 영향을 준 많은 책을 쓴 저자이다-역주.

자연적 차원의 자아실현은 하나님을 고려하지 않는다. 예수님께서 사시든 죽든, 무엇을 하셨든 상관하지 않는다. 오직 자신을 위하여 살고 자신을 위하여 죽는다. 죽음과 절망으로 인도하는 것이 자아실현이다. 자아실현은 그리스도실현과 완벽하게, 그리고 근본적으로 상반된다. 참된 자아실현은 주님의 삶에서 잘 드러난다. 즉, 인간을 완벽하게 이해한 가운데 하나님과 완전한 조화를 이룬다. 주님은 "우리가 하나가 된 것같이 그들도 하나가 되게 하려 함이니이다"요 17:22라고 기도하셨다.

금욕의 힘

금욕은 뭔가를 포기하려는 열정으로서 성령으로 거듭나지 않는 자들의 삶에서 뚜렷하게 나타난다. 만일 금욕이 하나님께서 우리에게 포기하기를 원하시는 것을 포기하는 의미라면 귀한 것이다. 즉, 자신에 대한 권리를 포기하는 의미가 된다. 그러나 이러한 목적을 향하지 않는 금욕은 오히려 사람들의 삶에 무한한 피해를 입히게 될 것이다. 거룩하게 된 영혼 안에서 금욕의 힘은 제자들을 향한 주님의 프로그램에서 순교자아실현의 죽음 또는 자기부인가 얼마나 중요한 자리를 차지하는지를 말해준다.

"자기를 부인하고."

예수님께서는 제자들에게 이 말씀을 계속하셨는데, 주님께 충성하려면 가장 가까운 관계를 깨뜨려야 한다는 문맥 속에서 이 말씀을 하신 것이다. 주님을 만나 거룩하게 된 자들은 이 말씀을 이해할 수 있지만, 그렇지 않은 자들에게 이 말씀은 너무나 거칠게 들릴 뿐이다.

"한 사람의 운명이 그가 주님께 충성하는지 아닌지에 달렸다고 선포하는
이분은 얼마나 위대한 분이신가!
그분은 완벽한 충성을 요구하시는데, 그 요구는 가장 좋아하는 것을
희생하는 것, 가장 불명예스러운 죽음을 감수하기까지
자신의 생명을 바칠 수 있는 충성을 요구하신다."
- 데니

몰두되는 열정

자연적으로 각성된 사람이 예수 그리스도를 보면 주님의 완벽한 매력에 몰두된다. 그는 죄에 대한 책망도, 성령도, 심지어 믿음도 없지만, 예수 그리스도를 향해 몰두하는 열정을 가질 수 있다. 대단히 많은 그리스도인들이 미성숙의 이 단계에 머물러 있다. 그들은 예수님께 매료된 상태에서 책도 쓰고 집회도 인도한다. 그런데 그들의 말을 듣다보면 우리는 그들에게 뭔가 부족한 것을 느낀다.

"무엇인가 모자란데, 뭘까?"

예수님의 죽음을 통해 예수님이 아버지와 가지셨던 그 관계로 사람들을 인도해야 하는데, 그들은 그렇지 못하다. 이 미성숙의 단계에 있는 사람들이 쓴 찬양들은 예수님의 인간적인 면을 강조한다. 그러나 그 찬양들 속에는 성도에게 필요한 진정한 능력이 들어 있지 않다.

몰두되는 열정은 거룩의 초기 단계에서 뚜렷하게 나타난다. 어느 단계보다 이 단계에서 훨씬 더 열정이 두드러지게 나타나는 것 같다. 그러나 구별된 생명의 의식이 보이지 않는다. 열정을 가진 그들의 사전에는 고통, 십자가를 지는 삶, 자기부인 등이 없다. 아예 생각조차 없다. 그들은 전적으로 그리스도께 사로잡혀 있는 것처럼 보인다. 그러나 만일 이 단계에서 그리스도의 죽음과 일치하는 단계로 나아가지 못한다면, 열정의 단계는 가장 위험한 상태가 된다.

동경하는 인내

예수님께서 사람을 만지시면 그 사람의 삶은 계속적으로 주께 헌신하게 된다. 언제나 하나님과 함께하는 시간을 원하고, 기도하기를 원하며, 신앙 서적을 읽기를 원한다. 어떤 사람은 황홀의 경지까지 이른다. 그러나 거룩하게 된 생명의 특징은 첫째도 둘째도 셋째도 예수 그리스도 중심의 삶이다. 주님이 원하시는 모든 것이 되는 것이, 거룩하게 된 삶의 특징이다. 그 삶은 뜨거운 에너지로 차고 넘친다. 말로 다 표현할 수 없는 동경심이 생긴다. 바울은 "이제는 내가 사는 것이 아니요 오직 내 안에 그리스도께서 사시는 것이라"갈 2:20고 말하였다. 정체성이 바뀌고 예수님 안의 믿음과 속성이 이제 내 안에 있다. 우리는 다른 성도들과 함께 구속 안에서 하나님의 목적을 충만하게 이루기까지 자라나야 한다. 우리는 이 일을 홀로 이룰 수 없다.

"우리가 다 하나님의 아들을 믿는 것과 아는 일에 하나가 되어"엡 4:13.

영적 차원의 자아실현

"날마다 제 십자가를 지고 나를 따를 것이니라."
거룩의 첫 번째 체험은 자신의 정체성을 잃어버리고 하나님께 몰두하는 것이다. 그러나 그 자리는 끝이 아니라 철저히 새로운 다른 삶의 시작일 뿐이다. 우리는 자연적인 정체성을 잃고 예수님께서 가지셨던 정체성을 얻어 그것을 의식하게 된다. 이 변화는 하나님께서 거룩하게 된 영혼을 다루시는 과정에서 나타나는데, 사람들은 어두움의 때와 하나님을 오해하는 때를 지나는 동시에 하나님께서 아브라함에게 가르치신 것을 배운다.

"나의 목표는 오직 하나님 그분이지,
나의 기쁨이나 평화가 아니라네.
심지어 축복도 아니고, 오직 그분, 나의 하나님이라네."

예수님은 제자들에게 말씀하셨다.

"내가 아직도 너희에게 이를 것이 많으나 지금은 너희가 감당하지 못하리라"요 16:12.

성령께서 그들로 하여금 예수님이 누구신지를 깨닫게 하시기 전까지, 그들은 주의 말씀을 감당할 수 없었다.

인내의 헌신

"십자가를 지고…"

신앙의 미성숙한 단계는 점차 예수 그리스도를 향한 분명하고 꾸준한 헌신으로 발전한다. 영적인 성급함이나 모든 당황스러운 마음이 사라지고 서서히 예수 그리스도께서 하신 말씀인 "아버지께서 나를 보내신 것같이 나도 너희를 보내노라"는 뜻을 깨달아간다. 우리가 꾸준하게 져야 하는 십자가는, '나는 내 것이 아니라 그리스도의 것'임을 드러내는 일이다. 우리는 주님께 헌신된 삶이 무엇인지를 알며 그 삶에서 벗어나게 하는 어떠한 유혹도 받아들이지 않겠다고 결심한다. 이제 믿음의 참생명이 드러나기 시작한 것이다.

평범한 나날들

"날마다…"

삶을 통해 참생명을 드러내는 것은 성도의 체험에서 매우 중대한 단계이다. 이 땅에서 성도의 진정한 삶 곧 예수님께 가장 영광이 되는 삶은, 특별한 환희의 체험 없이도 꾸준하게 매일의 일상적인 삶과 일들 가운데 살아가는 것이다. 세례 요한은 예수님께서 살아가시는 모습을 보았다. 기도회나 부흥회 때의 예수님, 기적을 행하시는 예수님, 변화산상의 예수님을 본 것이 아니었다. 그는 위대한 순간의 예수님이 아니라 일상적인 삶 가운데 평범하게 살아가시는 예수님을 보았다. 세례 요한이 그런 주님을 보고 말한다.

"보라 세상 죄를 지고 가는 하나님의 어린양이로다" 요 1:29.

실체를 향한 우리의 진심에 대한 시험은 하나님의 어린양을 바라보는가 하는 것이다. 독수리처럼 날개를 달고 하늘을 날거나 달려도 지치지 않는 체험사 40:31은 범상치 않은 일들이 일어나고 있다는 뜻이다. 걷지만 지치지 않는 삶은 하나님을 영화롭게 하는 삶이고 예수님의 마음을 충만하게 만족시키는 삶이다. 이러한 삶은 평범한 하루의 삶, 유별나거나 알려지지 않은 삶을 통해 다른 사람들에게 실체의 놀라움을 드러낸다.

꾸준한 헌신

"나를 따를 것이니라."

이는 마음속에 뜨겁게 타오르는 사랑으로 순교의 삶을 사는 것이다. 눈앞에는 오직 한 분만 서 계시는데, 그분은 주 예수님이시다. 다른 사람들은 성도들이든 죄인들이든 그림자일 뿐이다. 헌신된 삶의 특징은 꾸준함이다. 영적 긴장감은 돌아올 때나 떠날 때의 삶의 특징이다. 만일 누군가 계속적으로 "지금까지 그냥 내버려두었으니 이제 긴장해야 한다. 용기를 내어 일하자"라고 느끼고 있다면, 그는 참된 생명의 원천에 가까이 가고 있든지 아니면 정반대로 진짜 죽음으로 가고 있는 것이다. 그 상태가 어떠한지 하나님과 자신만이 판단할 수 있다. 영적인 차원의 자아실현은 예수님께서 사셨던 삶을 본으로 하게 된다.

"주님을 따르지 않는 자는 주님께 합당하지 않다.
거짓 제자로 드러나느니
목을 매고 가장 비참한 최후를 맞는 것이 낫다."
– 데니

성도의 삶에서 순교 사상은 매우 중요하다. 예수 그리스도는 그리스도인의 삶을 언급하실 때 언제나 순교의 모습을 말씀하셨다요 21:18. 순교의 단계에 이른 성도는 "내가 하나님의 뜻을 행하고 있는 것일까"라고 묻는 지점을 통과한 상태이다. 순교자가 된 그가 하나님의 뜻이다. 이전에는 "하나님께서 이곳에서 나를 축복하시고 저곳에서 나를 사용하시기를 원한다"고 말했고 "나는 승리를 얻었네"라고 하며 하나님을 찬양했다. 그러나 하나님께서 우리를 위해 주의 아들을 찢겨진 빵과 부어진 포도주로 만드신 것처럼, 순교의 단계에서 이제 우리가 찢겨진 빵과 부어진 포도주로 사용되어야 한다.

이 메시지를 통하여 하나님께서 우리를 구원하시고 거룩하게 하신 목적이 우리 마음과 가슴에 새겨지기를 바란다.

> "하나님의 목적은 우리를 실체 되시는 주님과 연합시키는 것이다.
> 즉, 우리의 모든 능력을 하나로 묶어
> 완벽하게 하나님과 하나 되게 하는 것이다"

더 이상 우리는 영적인 어린아이가 아니며 마음과 생각으로 구속의 의미를 이해한다. 이제 서서히 분명하게 성숙하여 주 예수 그리스도의 구속하시는 은혜를 자랑스럽게 전파하는 삶을 산다. 천사들이 우리를 내려다보면서 예수 그리스도의 놀라운 솜씨에 입을 다물 수 없을 것이다.

"그날에 그가 강림하사 그의 성도들에게서 영광을 받으시고 모든 믿는 자들에게서 놀랍게 여김을 얻으시리니"살후 1:10.

5장

심판

당신은 빛에 순종하는가?
사적인 이해가 주님의 기준을 흐리게 하는 일이 없도록 주의하라.
하나님께서 빛 가운데 계심같이 우리도 빛 가운데 걸어야 한다.
이는 모든 죄로부터 계속 깨끗한 상태를 유지하는 것을 의미한다.

오, 우리는 여기서 너무나 침몰하였네. 하나님만이 아시네.
그러나 침몰하는 순간 완전히 침몰한 것은 아니네.
비록 흔치 않지만 자신을 부인할 때,
우리는 참된 영혼의 선물을 받게 되네.
참된 영혼의 선물은 뚜렷하게 거짓된 것과 구별된다네.
무엇이 잘못인가를 보네.
옳은 길 또는 그른 길
무엇을 추구하든지,
승리 또는 멸망으로 향하게 될 걸세.
- 로버트 브라우닝

"그 정죄는 이것이니 곧 빛이 세상에 왔으되 사람들이 자기 행위가 악하므로 빛보다 어둠을 더 사랑한 것이니라" 요 3:19.

그리스도인의 마음이 건강하려면 비전 가운데 허락된 진리를 자신의 것으로 만드는 법을 배워야 한다. 어떤 체험삶의 변화, 죄를 이기는 경험, 기도 이후의 감격과 눈물 등의 거듭남, 거룩, 성화의 체험을 말한다—역주이든 체험을 한 그리스도인들마다 근본적인 진리, 곧 속죄, 성령, 죄 등에 대한 진리의 비전을 갖게 된다. 비전을 잃으면 영혼은 위험에 처하게 된다. 우리는 항상 기도하고 결단하면서, 하나님께서 주신 비전에 젖는 습관을 가져야 한다. 문제는 대부분의 성도들이 비전을 붙들려고 하지 않는다는 점이다. 그나마 희미하게 비전을 보지만 붙들려 하지 않고 그대로 둔다. 바울은 "아그립바 왕이여 그러므로 하늘에서 보이신 것을 내가 거스르지 아니하고"행 26:19라고 말하면서, 자신이 받은 비전을 자신의 것으로 붙들고 살았다.

나는 진리의 비전을 보았음에도 그 비전을 붙들지 않는 사람들을 볼 때 가장 슬프다. 이들에게 심판이 임한다. 이들의 문제는 지적 분별이나 비전 제시 방법에 있지 않다. 단지 비전을 붙잡아 자신의 것으로 만들지 않는 것이 문제이다.

"당신이 받은 비전이 있다면 그 비전과 관련된 위대한 진리에 계속 빠져들라. 잠이 들 때도, 아침에 일어날 때도 비전을 생각하라"

당신의 모든 생각이 비전의 포로가 되게 하라. 세월이 지나면서 하나님께서는 당신을 그 비전에 맞는 특별한 사람이 되게 하실 것이다. 하나님은 비전을 주시며 그 비전을 붙든 사람을 귀히 여기신다.

위기의 주요 의미

"그 정죄는 이것이니."

참으로 중요한 순간이다. 사람들은 이리저리 헤매는 평범한 나날들에 의해 정죄를 받지 않는다. 그러나 위기가 오면 시험이 온다. 위기는 인생의 흐름을 급속도로 바꾼다. 그때 사람들의 정체가 드러난다. 위기 가운데 사람들은 자신들의 삶을 돌아본다. 이때 특히 하나님께서 원하신 것을 순종하지 않았던 일들을 발견한다. 삶 가운데 갑자기 위기가 찾아오고 그 위기를 통하여 심판을 받는 것이다. 중요한 것은 위기이다. 일반적으로 사람들은 위기가 오기까지 아무런 생각 없이 산다. 그러나 위기가 오면 언제나 심각해진다.

중대한 문제

"헤롯은 듣고 이르되 내가 목 벤 요한 그가 살아났다 하더라"막 6:16.

헤롯의 경우, 그의 위기는 제자들이 예수님을 전파할 때 임하였다.

"이에 예수의 이름이 드러난지라 헤롯 왕이 듣고"막 6:14.

헤롯은 이 소식을 듣고 마음이 번잡해졌고 자신의 본심을 드러냈다. 위기는 헤롯에게 번민을 주었던 공포가 무엇인지 드러냈다. 헤롯은 사두개인이었는데, 당시 사두개인들은 부활을 믿지 않았다. 그런데 예수님의 이름이 사람들 사이에서 널리 퍼지자, 그는 미신적인 두려움에 빠지게 되었다.

"내가 목 벤 요한 그가 살아났다 하더라"막 6:16.

죄책감을 주는 생각

"이는 요한이 헤롯에게 말하되 동생의 아내를 취한 것이 옳지 않다 하였음이라"막 6:18.

헤롯은 요한의 말을 들음으로써 죄책감을 가지게 되었다. 요한이 전해준 진리를 들은 헤롯은 죄책감에 빠졌다.

"그의 말을 들을 때에 크게 번민을 하면서도 달갑게 들음이러라"막 6:20.

그러나 헤롯은 한 가지만은 거절했다. 빛이 주어졌을 때 그 빛에 순종하기를 거부한 것이다. 위기는 헤롯이 어떤 존재가 될 것인가를 결정하는 순간이었다.

드러난 의도

"마침 기회가 좋은 날이 왔으니"막 6:21.

기회가 좋은 날 곧 죄를 만족시킬 기회의 날은 언제나 온다. 이는 당연한 법칙인데, 많은 사역자들이 깨닫지 못하는 것 같다. 죄는 만족되든지 아니면 초자연적인 능력에 의해 질식된다. 지옥은 다름 아닌 모든 죄가 만족되는 곳이다.

감상주의는 실체 되시는 예수 그리스도를 만나보지 못했을 때 발생한다. 누군가 자신들의 잘못을 지적하지 못하도록, 기독교 사역이든 뭐든 끝없이 열심히 하는 사람들이 있다. 그들은 한없는 참회와 고행을 보인다. 그러나 당신의 눈에는 여전히 그들의 잘못된 점이 보일 수 있다. 그들은 자신들의 잘못된 점을 보기를 꺼리며 당신이 그 잘못을 지적하는 것도 거부한다. 그들의 반응과 상관없이, 만일 당신이 하나님의 종이라면 가차 없이 그들의 감상을 벗겨내어 그들로 하여금 잘못된 모습을 직면하도록 해야 한다.

모든 위기는 위의 세 가지 역할을 한다. 무엇보다 위기는 성품을 드러낼 뿐 만들지는 못한다는 사실에 주목하라. 사람의 양심이 완전하다면 아주 작은 실수와 죄악에 대해서도, 심지어 마음속의 미세한 죄까지도 견딜 수 없어 할 것이다. 그래서 자책으로 정신질환이 되던지, 아니면 자살하게 될 것이다. 성도의 삶의 특징은 숨김없는 진실함이다. 위기의 순간 외에는 사람의 성품을 온전히 알 수 없다. 우리는 종종 이렇게 말한다.

"내가 네 입장이라면 이러저러하게 했을 텐데."

그러나 우리가 막상 그 입장이 되더라도 어떻게 행동할지 알 수 없다.

> "위기는 의식할 수 없는 가운데 갑자기 발생한다.
> 위기 가운데 어떤 길을 택하느냐가 성품을 나타낸다"

위기가 오면 우리는 스스로도 깜짝 놀라는 길을 택할 수 있다. 예를 들어, 당신이 어떤 사람을 이기적이고 자기중심적인 사람으로 알고 있었다고 하자. 그런데 위기가 찾아올 때, 가령 사별을 겪거나 사업이 실패했거나 병이 들었을 때, 놀랍게도 그 사람은 당신이 생각했던 사람이 아님을 발견하게 된다. 오히려 당신의 생각과는 정반대로 가장 정이 많고 관용적인 사람으로 드러난다. 이는 위기를 통하여 당신이 알지 못했던 그 사람의 새로운 속성이 드러난 것이다. 반대로 당신이 어떤 사람을 매우 친절하고 자애롭다고 생각했는데, 위기를 겪자 당신뿐 아니라 모든 사람이 놀랄 정도로 그 사람이 비열하고 이기적이며 잔인한 사람으로 드러날 수 있다. 이와 같이 위기를 통해 사람을 정확히 판단할 수 있다.

가장 위대한 도덕적 기준

"곧 빛이 세상에 왔으되…"
예수 그리스도께서는 모두에게 적용되는 하나님의 심판의 기준이 무엇이라고 말씀하시는가? 세상에 온 빛이 기준이라고 말씀하신다. 누가 세상의 빛인가? 하나님의 아들이며 사람의 아들이신 주 예수 그리스도시다.

> "심판을 위해서는 분명히 볼 수 있어야 하며 공의로워야 한다.
> 그러므로 치우치거나 정에 빠지면 안 된다."
> – 아미엘 1821-1881, 스위스 교수이며 작가로서,
> 1883년 발행된 자아분석적인 「저널」로 잘 알려져 있다-역주.

잠깐 숙고해보면, 최고의 성도들까지 객관적인 심판의 기준으로

인도하셔야 하는 성령의 일이 얼마나 어려운지를 알 수 있다. 우리 안에는 언제나 개인적인 관점으로 보려는 생각이 잠재해 있다.

"오, 그래. 하나님께서는 내가 주님께 헌신하며 충성한 것을 잘 아실 거야. 하지만 최근에 너무 힘든 일이 많았어. 내게 있어야 할 행운들이 없었어."

"그렇게 말하거나 행동하지 말았어야 하는데. 하지만 지금 그것을 생각하고 싶지 않아."

이러한 모든 자세는 성령께서 예수 그리스도의 기준을 우리에게 적용하시는 일이 얼마나 어려운지를 보여준다. 우리는 주님의 기준을 다른 사람에게는 잘 적용하면서 정작 자신에게는 적용하지 않는다. 당신은 빛에 순종하는가? 사적인 이해가 주님의 기준을 흐리게 하는 일이 없도록 주의하라. 하나님께서 빛 가운데 계심같이 우리도 빛 가운데 걸어야 한다. 이는 모든 죄로부터 계속 깨끗한 상태를 유지하는 것을 의미한다요일 1:7.

이방인을 위한 심판 기준

"참빛 곧 세상에 와서 각 사람에게 비추는 빛이 있었나니"요 1:9 ; 마 25:31,46 ; 롬 2:11,16 참고.

이 기준에 대한 첫 번째 질문은, 예수 그리스도에 대하여 한 번도 들어보지 못한 사람은 주님의 음성을 듣지 못하였을 텐데 그들은 어떻게 심판을 받는가 하는 것이다. 위의 참고 구절들은 이방인에 대한 하나님의 심판 기준을 언급한다. 참빛을 본 적도 없고 얻을 수도 없었다면, 그들은 그들이 가지고 있는 빛에 의하여 심판 받는다. 이방인들이 주 예수 그리스도와 접하기까지는 양심에 의하여 심판 받는다. 이방인들에게 복음을 전파하라는 주의 부르심은, 예수님을 알 수 있는 기회가 없었던 그들에게 지옥을 선포하라고 부르신 것이 아니라 예수님의 명령을 수행하라고 부르신 것이다.

"너희는 온 천하에 다니며 만민에게 복음을 전파하라" 막 16:15.

기독교 국가를 위한 심판 기준

"그를 믿는 자는 심판을 받지 아니하는 것이요 믿지 아니하는 자는 하나님의 독생자의 이름을 믿지 아니하므로 벌써 심판을 받은 것이니라" 요 3:18.

기독교 국가의 심판 기준은 받은 빛이 아니라 받아야만 했던 빛이다. 기독교 국가마다 그리스도를 알 수 있는 많은 기회가 있었다. 각 영혼이 멸망을 향하게 되는 시점은 예수 그리스도를 의식적으로 거절하는 때 혹은 주님에 대하여 알게 되었는데 의식적으로 거부하는 때부터이다. 마태복음 25장은 그리스도인들을 심판하는 기준이 아니라 그리스도를 모르는 나라들에 대한 심판 기준이다. 따라서 거기에 기록된 주의 말씀을 그리스도인들에게 적용하지 않도록 주의하라. 그리스도인들의 심판 기준은 주님이시다.

교회를 위한 심판 기준

> "그가 어떤 사람은 사도로, 어떤 사람은 선지자로, 어떤 사람은 복음 전하는 자로, 어떤 사람은 목사와 교사로 삼으셨으니 이는 성도를 온전하게 하여 봉사의 일을 하게 하며 그리스도의 몸을 세우려 하심이라 우리가 다 하나님의 아들을 믿는 것과 아는 일에 하나가 되어 온전한 사람을 이루어 그리스도의 장성한 분량이 충만한 데까지 이르리니"엡 4:11-13.

위 구절은 각 개인의 삶이 아니라 성도들의 공동체적 삶에 관한 것이다. 각 성도들은 다른 성도들 없이 개인적으로 온전할 수 없다.

"그가 어떤 사람은 사도로 … 주셨으니."

어떤 목적으로 주셨는가? 얼마나 똑똑한가를 보이기 위함인가? 받은 은사를 드러내기 위함인가? 아니다. "성도를 온전하게" 하기 위함이다. 교회사를 돌아보면 이러한 은사들 하나하나가 항상 그 목적에 의해 제약을 받았던 모습을 발견할 수 있다. 바울은, 사도, 선지자, 복음 전하는 자, 목사, 교사의 은사는 오직 한 가지 목적을 가진다고 말한다. 바로 "성도를 온전케 하고 … 그리스도의 몸을 세우려 하심이다." 하나님께서 정하신 자리에 있지 않고 홀로 떨어질 때, 어떤 성도도 완전할 수 없다. 아쉽게도 자신들을 붙든 목적을 강하게 붙들려는 성도들이 많지 않다. 그들은 자신들을 구원과 거룩으로 인도하신 하나님께 감사하지만, 그 자리에 멈춘 채 더 이상 나아가지 않는다. 결국 이들은 성도들을 온전하게 하는 데 방해가 된다.

선택을 해야 하는 순간

"사람들이 자기 행위가 악하므로 빛보다 어둠을 더 사랑한 것이니라" 요 3:19.

한번 선택하면 영원히 그 선택을 바꿀 수 없다. 즉, 우리의 결정이 운명을 좌우한다. 어떤 느낌을 가졌는지, 어떤 감동을 받았는지, 어떤 영감을 받았는지가 중요한 것이 아니라 주어진 위기에 어떤 결정을 내렸는가가 중요하다. 이 결정이 우리를 세우기도 하고 망하게도 한다. 조만간 모든 인생에 다음 질문이 제기될 것이다.

"당신은 하나님께서 그리스도의 십자가상에서 내리신 판결에 동의하기로 결정합니까?"

만일 "인정할 수 없습니다"라고 하든지 "나중에 결정하겠습니다"라고 하면, 그것도 하나의 결정임을 기억하라.

어두움을 향한 선입견

"그러므로 네게 있는 빛이 어두우면 그 어둠이 얼마나 더하겠느냐"마 6:23.

위기가 왔을 때 사람은 자신의 성향에 따라 결정을 내리게 된다. 자신 외에 그 성향을 아는 분은 오직 하나님이시다. 주님은 변하지 않은 우리의 자연적 성향을 '어두움'이라고 부르셨다. 이는 빛에 대항하는 선입견을 의미한다.

고집스러운 방향

"왕이 심히 근심하나 자기가 맹세한 것과 그 앉은 자들로 인하여 그를 거절할 수 없는지라 왕이 곧 시위병 하나를 보내어 요한의 머리를 가져오라 명하니 그 사람이 나가 옥에서 요한을 목 베어"막 6:26-27.

세례 요한은 헤롯에게 하나님의 음성을 들려주었다. 그러나 헤롯은 하나님의 음성을 대항하기로 결정하였다. 그 결정은 계속되는 죄악으로 이어졌다. 그러자 그의 양심은 더 이상 그를 괴롭히지 않았다. 예수 그리스도와 그분이 증거하신 모든 것이 그에게 농담으로 여겨졌다. 누가복음 23장 8-9절을 보면, "헤롯이 예수를 보고 매우 기뻐하니 이는 그의 소문을 들었으므로 보고자 한지 오래였고 또한 무엇이나 이적 행하심을 볼까 바랐던 연고러라 여러 말로 물으나 아무 말도 대답하지 아니하시니"라고 기록되어 있다. 하나님의 음성을 대항한 그는 다시는 주의 음성을 들을 수 없었고, 이후로 그의 모든 삶은 타락으로 내달렸다. 그의 삶은 겉보기에 놀랍도록 잘 풀렸지만 그의 마음은 죽어 있었다. 헤롯이 도달한 상태는 더 이상 선과 순결과 공의를 믿지 않는 끔찍한 상태이다. 성경은 이 자리까지 이른 자들은 반드시 하나님께 형벌을 받을 것이라고 말한다.

한 가지 죄를 덮으려는 위험에 처한 자를 보면, 아무리 그 영혼이 아파하고 당신을 귀찮게 여길지라도 그 죄가 제거될 때까지 그에게 분명하게 말하라. 그 죄를 두둔하거나 동정하지 말라. 개인적으로나 교회적으로 많은 죄악들이 해결되지 않은 채 계속 덮여지고 있다. 그럼에도 이에 대항하는 소리가 전혀 없다. 이것은 오늘날 참으로 부족한 목소리이다.

운명을 선포함

"여러 말로 물으나 아무 말도 대답하지 아니하시니"눅 23:9.

주님께서 아무 말씀도 하지 않으신 이유는 마가복음 6장 26-27절에 나온다.

"왕이 심히 근심하나 자기가 맹세한 것과 그 앉은 자들로 인하여 그를 거절할 수 없는지라 왕이 곧 시위병 하나를 보내어 요한의 머리를 가져오라 명하니 그 사람이 나가 옥에서 요한을 목 베어."

헤롯은 삶 속에서 하나님의 음성을 대항하기로 결정하여 이제 하나님의 아들이 자기 앞에 섰으나 그분에게서 아무것도 보지 못한다. 더 이상 양심의 가책도 없다. 우리도 헤롯처럼 "그 문제에 대하여 더 이상 듣고 싶지 않아"라는 인생의 결정을 내리면, 그 영혼 속에는 더 이상 하나님의 음성이 들리지 않는다. 하나님의 음성을 대항하는 것은 삶 속에서 저주의 시작이다. 그리고 계속된 영원한 저주로 이어진다.

"하나님은 나를 떠나서 다시는 선지자로도, 꿈으로도 내게 대답하지 아니하시기로"삼상 28:15.

하나님이 더 이상 사울에게 대답하지 않으시는 상태는 그의 삶에 저주가 시작되었음을 의미한다. 하나님의 침묵은 '빛으로 나아오고 그 빛에 순종하는 것'을 거부하는 모든 이들에 대한 궁극적인 운명이다.

"빛이 주어졌음에도
영적으로 그 빛에 사로잡히지 못한 삶은 가장 비참하다"

빛이 주어진 때는 밤이나 낮일 수 있다. 어린 시절이나 신앙생활 초기일 수도 있다. 심지어 생생히 기억나는 지난 주일일 수도 있다. 아무튼 당신만이 그때가 언제인지 알 것이고, 이는 당신과 하나님과의 문제이다. 당신은 "나의 하나님, 이 빛이 무엇을 의미하는지 다 알지 못하지만 그 빛을 따르기로 결정합니다"라고 하겠는가? 어떤 근본적인 문제와 함께 어떤 빛이 주어질 때마다 그 빛을 거절한다면 당신의 멸망은 자명하다. 하나님에 의해 강한 진리의 분명한 비전이 당신의 머리가 아니라 가슴에 임하였음에도 다른 길을 따르기로 결정한다면, 그 비전은 사라지고 다시는 돌아오지 않을 것이다.

하나님과 함께하는 왕자요 공주여야 할 사람들이 하나님을 떠나 멀리 있다. 그들은 심지어 거룩하게 된 자들일지 모른다. 그러나 어떤 특별한 단계에서 주님과 더 이상 동행하기를 거절하다가 어느새 주님과의 동행에서 낙오된다. 그들은 하늘의 비전을 순종하는 대신에 형편없는 그리스도인들이 취하는 자연스러운 결정을 내린다. 이는 구원과는 상관없는 결정이지만 하나님을 섬기는 기회를 놓치는 결정이다.

"청함을 받은 자는 많되 택함을 입은 자는 적으니라" 마 22:14.

이 말씀을 보면, 적은 수의 사람들만이 택함을 입었다는 사실이 증명될 것이다. 비전이 올 때 그 비전에 불순종하지 말기를 간절히 당부한다. 우리 삶의 한 가지 목적은 바로 주 예수 그리스도의 만족이 되는 것이다.

6장

타락

자기 뜻대로 사는 삶으로 돌아가
제 소견대로 하나님을 섬기기를 고집하면 어떻게 될까.
예수 그리스도께 매우 불성실한 삶을 살 뿐 아니라
마음을 상하게 한 진리를 향해 적극적으로 대적하게 된다.
진리를 향하여 가장 완고하게 대적하는 자는 실상 그 진리를 잘 알던 자이다.

"예수께서 이르시되 나는 생명의 떡이니 내게 오는 자는 결코 주리지 아니할 터이요 나를 믿는 자는 영원히 목마르지 아니하리라 그러나 내가 너희에게 이르기를 너희는 나를 보고도 믿지 아니하는도다 하였느니라 아버지께서 내게 주시는 자는 다 내게로 올 것이요 내게 오는 자는 내가 결코 내쫓지 아니하리라 내가 하늘에서 내려온 것은 내 뜻을 행하려 함이 아니요 나를 보내신 이의 뜻을 행하려 함이니라 나를 보내신 이의 뜻은 내게 주신 자 중에 내가 하나도 잃어버리지 아니하고 마지막 날에 다시 살리는 이것이니라 내 아버지의 뜻은 아들을 보고 믿는 자마다 영생을 얻는 이것이니 마지막 날에 내가 이를 다시 살리리라 하시니라 자기가 하늘에서 내려온 떡이라 하시므로 유대인들이 예수에 대하여 수군거려 이르되 이는 요셉의 아들 예수가 아니냐 그 부모를 우리가 아는데 자기가 지금 어찌하여 하늘에서 내려왔다 하느냐 예수께서 대답하여 이르시되 너희는 서로 수군거리지 말라 나를 보내신 아버지께서 이끌지 아니하시면 아무도 내게 올 수 없으니 오는 그를 내가 마지막 날에 다시 살리리라 선지자의 글에 그들이 다 하나님의 가르치심을 받으리라 기록되었은즉 아버지께 듣고 배운 사람마다 내게로 오느니라 이는 아버지를 본 자가 있다는 것이 아니라 오직 하나님에게서 온 자만 아버지를 보았느니라 진실로 진실로 너희에게 이르노니 믿는 자는 영생을 가졌나니 내가 곧 생명의 떡이니라 너희 조상들은 광야에서 만나를 먹었어도 죽었거니와 이는 하늘에서 내려오는 떡이니 사람으로 하여금 먹고 죽지 아니하게 하는 것이니라 나는 하늘에서 내려온 살아 있는 떡이니 사람이 이 떡을 먹으면 영생하리라 내가 줄 떡은 곧 세상의 생명을 위한 내 살이니라 하시니라"요 6:35-51.

하나님께서 사람을 창조하실 때 사람에게 유혹이 있을 가능성을 허락하셨다. 아담과 예수 그리스도가 이를 증거한다. 거듭났다고 하여 유혹을 받을 가능성이 사라지는 것은 아니다. 오히려 더 많아진다. 가장 센 유혹은 예수 그리스도께 있었다.

안일해지려는 경향

"도덕적인 것은 도덕적이지 못한 것으로, 영적인 것은 영적이지 못한 것으로 돌아가려는 경향이 있다"

신체적으로 안일해지려는 경향은 몸의 자연스러운 법칙이다. 도덕적인 세계와 영적인 세계에서도 마찬가지이다. 도덕적인 것은 도덕적이지 못한 것으로, 영적인 것은 영적이지 못한 것으로 돌아가려는 경향이 있다.

쉼의 욕구 – 욕망의 포로

"예수께서 이르시되 이 사람들로 앉게 하라 하시니 그곳에 잔디가 많은지라 사람들이 앉으니 수가 오천 명쯤 되더라 예수께서 떡을 가져 축사하신 후에 앉아 있는 자들에게 나눠주시고 물고기도 그렇게 그들의 원대로 주시니라 그들이 배부른 후에 예수께서 제자들에게 이르시되 남은 조각을 거두고 버리는 것이 없게 하라 하시므로 이에 거두니 보리떡 다섯 개로 먹고 남은 조각이 열두 바구니에 찼더라 그 사람들이 예수께서 행하신 이 표적을 보고 말하되 이는 참으로 세상에 오실 그 선지자라 하더라 그러므로 예수께서 그들이 와서 자기를 억지로 붙들어 임금으로 삼으려는 줄 아시고 다시 혼자 산으로 떠나가시니라" 요 6:10-15.

참된 영적인 삶의 중심에는 하나님과 연합하고 싶은 욕망이 있다. 이 욕망을 실현하는 것 외에 다른 것에서 쉼을 얻으려고 하면 욕망의 포로가 되기 쉽다. 영적인 축복만 추구하면 영적으로 잠들기 시작한다. 하나님과 연합함으로 자연스럽게 주어지는 영적 축복 가운데 안일해지려는 경향은 타락의 시초이다. 나는 하나님과의 연합만이 목적인가? 아니면 예수님을 왕으로 모시려는 다른 이유가 있는가? 아무 수고도 없이 단지 예수님을 통하여 빵을 먹는 것을 진정으로 원하지는 않는가? 요한복음 6장에서 군중의 모습은 인간의 속성에 내재하는 안일을 추구하는 경향을 보여준다. 만일 이 욕구가 만족되면 모든 성품이 무너지게 된다.

실체에서 떨어짐 – 죽음의 그림자가 드리움

> "그들이 묻되 그러면 우리가 보고 당신을 믿도록 행하시는 표적이 무엇이니이까, 하시는 일이 무엇이니이까 기록된바 하늘에서 그들에게 떡을 주어 먹게 하였다 함과 같이 우리 조상들은 광야에서 만나를 먹었나이다" 요 6:30–31.

실체란 하나님과 완벽한 조화를 이룬 상태를 의미한다. 만일 거룩해지는 것을 비롯한 하나님의 축복을 삶의 최종 목적과 목표로 삼는다면, 그 순간부터 영적인 삶은 부패하기 시작한다. 거룩해지는 것은 하나님과의 실제적 연합을 위한 입구여야 한다. 오직 하나님과의 연합만이 말로 다 표현할 수 없는 영생의 궁극적인 상태이다. 베드로는 그의 서신에서 이 점을 분명히 한다. 당신은 하나님과의 연합의 의미를 알고 있으며 진리 안에 굳게 서 있지만 영적으로 잠들면서 거룩함의 축복을 최종 목표로 오해하는 위험에 빠질 수 있다. 그러나 거룩해지는 것은 단지 입문일 뿐이다벧후 1:12-13. 우리는 성령께 온전히 배워 하나님과 바른 관계를 맺은 자들이 계속 하나님과의 완벽한 하나됨을 추구할 수 있도록 격려해야 한다.

타락하려는 경향은 매우 은밀한 곳에서 시작한다. 예수님께서 제자들에게 시험에 들지 않도록 깨어 기도하라고 재촉하신 것은 당연하다마 26:41 ; 막 14:38. 타락의 가능성은 누구에게나 있는 위험이다. 따라서 타락을 피하는 가장 안전한 방법은 안일함에 빠지지 말고 예수님을 바라보며 성령을 의지하는 것이다. 신체에는 휴식이 필요하지만 영적인 삶에서는 긴장을 놓아서는 안 된다. 욕망의 포로가 되는 때는 영적인 축복 가운데 안일한 때이다. 특히 자신이 영적으로 이룬 일들로 만족하고 있을 때 영적 죽음의 그림자가 드리운다.

"하나님이 원하시는 일을 다 이룬 것 같아."

그렇지 않다. 하나님이 우리에게 원하시는 것은 그리스도 예수 안에서 드러내신 것으로서, "우리가 다 하나님의 아들을 믿는 것과 아는 일에 하나가 되어 온전한 사람을 이루어 그리스도의 장성한 분량이 충만한 데까지 이르는" 것이다엡 4:13. 완전 성결entire sanctification의 결과로 오는 안식과 안일함의 쉼은 전혀 다른 것이다. 참된 실체의 쉼은 하나님과의 연합으로 인한 안식이다챔버스에게 완전 성결의 단계는 하나님께 자신에 대한 모든 권리를 철저하게 내려놓고 주님과 연합된 상태를 의미한다-역주.

휴식하고 싶은 꿈 - 재난의 밤

"그들이 이르되 주여 이 떡을 항상 우리에게 주소서 예수께서 이르시되 나는 생명의 떡이니 내게 오는 자는 결코 주리지 아니할 터이요 나를 믿는 자는 영원히 목마르지 아니하리라" 요 6:34-35.

이 말씀은 믿지 않는 자에게는 퍼즐과 같다. 예수 그리스도께서 그토록 염려하시는 영적 안일에 빠진 사람들의 마음속에는 헛된 비전과 꿈이 생긴다. 하나님과 대화를 나누며 어떠한 환상을 가지는가? 영적인 삶의 가장 큰 함정은, 우리의 모든 생각과 꿈을 예수님의 말씀에 굴복시키지 않고 자기 나름대로의 환상과 꿈을 키우는 것이다. 바로 이 부분에서 사람들은 궤도에서 벗어나 광명의 탈을 쓴 마귀에게 속아 넘어간다. 안일해지고 싶은 욕구에 지는 자마다 영적 재난이 뒤따른다. 성도는 언제나 "오직 한 일 즉 뒤에 있는 것은 잊어버리고 앞에 있는 것을 잡으려는" 빌 3:13 자세를 가져야 한다.

복귀하려는 경향

"삶이란 하나님 앞에서의 순종과 불순종의 시험이 아닌가?
망설임의 상태가 영혼이 시험 받고 있다는 증거가 아닌가?"

유기체인 생명은 원래 모습으로 복귀하려는 경향이 있다. 꽃과 식물은 잘 가꾸어 경작될 수 있어도 몇 년 동안 내버려두면 경작되기 전의 모습으로 돌아간다. 영적으로도 마찬가지이다. 가만히 두면 하나님의 자녀들도 자신들의 유익만 구하는 이기적인 모습으로 복귀하려는 경향이 있다. 그러나 감사하게도 우리에게는 하나님의 아들의 형상으로 더욱 변화될 수 있는 가능성도 있다롬 8:29.

마음이 상할 가능성

"그러므로 유대인들이 서로 다투어 이르되 이 사람이 어찌 능히 자기 살을 우리에게 주어 먹게 하겠느냐"요 6:52.

사람들 간에 마음이 상한다는 것은 뭔가 같은 속성을 가지고 있다는 뜻이다. 예수님께 애착이 없던 사람은 아예 예수님에 의하여 마음이 상할 리 없다. 그러나 그리스도인들은 예수님께 마음 상할 가능성이 언제나 있다마 11:6. 사탄은 우리에게 와서 이렇게 속삭인다.

"하나님은 절대로 당신에게 이러저러한 일들을 하라고 당부하지는 않으실 거야. 하나님께서 과연 그런 식으로 당신을 인도하실까?"

그러나 하나님은 그렇게 하신다. 하나님의 자녀라면 주님으로 인하여 마음 상할 가능성은 언제나 있다.

마음이 상한 후에 생긴 삐뚤어지는 마음

"제자 중 여럿이 듣고 말하되 이 말씀은 어렵도다 누가 들을 수 있느냐 한대 예수께서 스스로 제자들이 이 말씀에 대하여 수군 거리는 줄 아시고 이르시되 이 말이 너희에게 걸림이 되느냐"요 6:60-61.

내가 진심으로 대하던 대상이 내 마음에 상처를 주는 생각을 가지고 있다는 사실을 알 때, 삐뚤어지는 마음이 생긴다. 그러면 온 마음을 쏟던 그 대상으로부터 돌아서게 된다. 거듭난 후에도 영적으로 이러한 마음을 가질 수 있다. 누군가로부터 하나님의 진리를 들을 때 그것이 내가 미처 깨닫지 못한 것이면 당장 삐뚤어진 마음이 든다.

'하나님께서 내게 알려주지 않으셨는데 저 사람에게 알려주셨을 리 없다.'

마음이 상한 다음에는 삐뚤어진 마음이 들게 된다. 그런 마음을 가지게 된 후에는 더 이상 자신의 편견과 일치되는 내용이 아니라면 귀에 들어오지 않는다. 예를 들어, 성도들 중에는 주님으로부터 영양분을 얻을 수 있는 진리에 대하여 귀를 막고 있는 자들도 있다. 이들은 그들의 마음이 날마다 새롭게 되어야 할 필요가 있다는 사실을 거부한다. 따라서 영적 침체뿐 아니라 자기 고집에 빠지게 된다. 이러한 자리에 가지 않을 수 있는 유일한 방법은, 하나님께서 빛 가운데 계심같이 스스로 언제나 빛 가운데 머물기를 힘쓰는 것이다.

마음이 상한 상태의 배반

"그때부터 그의 제자 중에서 많은 사람이 떠나가고 다시 그와 함께 다니지 아니하더라" 요 6:66.

자기 뜻대로 사는 삶으로 돌아가 제 소견대로 하나님을 섬기기를 고집하면 어떻게 될까. 예수 그리스도께 매우 불성실한 삶을 살 뿐 아니라 마음을 상하게 한 진리를 향해 적극적으로 대적하게 된다. 진리를 향하여 가장 완고하게 대적하는 자는 실상 그 진리를 잘 알던 자이다. 이러한 배반의 극단적인 예가 히브리서 6장 4-6절에 잘 기록되어 있다.

"한 번 빛을 받고 하늘의 은사를 맛보고 성령에 참여한 바 되고 하나님의 선한 말씀과 내세의 능력을 맛보고도 타락한 자들은 다시 새롭게 하여 회개하게 할 수 없나니 이는 그들이 하나님의 아들을 다시 십자가에 못박아 드러내놓고 욕되게 함이라."

만일 하나님께서 성도들에게 불순종의 가능성을 완전히 배제해 버리신다면 우리의 순종은 아무런 가치가 없게 된다. 순종이 더 이상 자발적인 일이 아니라 기계적인 일이 되기 때문이다. 거룩하게 된 후에 "나는 내 멋대로 할 수 있어"라고 말하는 것은 얼마나 위험한 것인지 모른다. 만일 멋대로 할 수 있는 것이 사실이라면 "그리스도께서도 자기를 기쁘게 하지 아니하셨나니"롬 15:3라는 내용이 절대로 성경에 기록되지 않았을 것이다. 불순종의 가능성이 있기 때문에 하나님의 자녀들의 순종은 그만큼 가치가 있다.

하나님의 자녀가 아닌 자는 잘못된 성향을 가진 노예이기 때문에 주님께 순종할 수 있는 능력이 없다. 그러나 하나님께서 잘못된 성향으로부터 구원해주실 때 그 사람은 비로소 하나님께 순종 혹은 불순종할 수 있게 된다. 따라서 이 사람에게는 유혹이 가능하게 된다. 유혹은 죄가 아니다. 유혹을 이기기만 한다면 하나님과 자녀 간의 관계는 더욱 귀하게 변한다. 기계적인 노예라면 유혹을 받지 않을 것이고 하나님께서 그를 영화롭게 하실 리도 없다.

"많은 아들들을 이끌어 영광에 들어가게 하시는 일에 … (주님께) 합당하도다"히 2:10는 말씀은 어쩔 수 없이 기계적으로 복종하는 노예들이나 무익한 종들에게 해당하는 내용이 아니다. 이 말씀은 부지런히 항상 깨어서 마음과 뜻을 다하여 자신의 모든 힘과 재능을 주께 완벽하게 헌신하는 자에게 해당한다.

반란을 일으키려는 경향

> "개별성의 특징인 독립하려는 마음은
> 각 개인에게 언제나 임하는 영원한 유혹이다"

영적 반란은 의도적으로 하나님을 버리고 다른 통치자 밑으로 들어가기로 계약하는 것을 말한다. 우리는 퇴보와 반란을 구분할 수 있어야 한다. 우리는 퇴보하는 경향 곧 적극적인 면보다는 더 이상 앞으로 나아가지 않으려는 소극적인 면을 살펴보았다. 그것은 "이 정도면 만족이다. 여기에 머물겠다"는 타락의 모습이었다. 그러나 우리는 그 자리에 머물 수 없다는 사실을 깨달아야 한다. 계속 앞으로 나아가든지 아니면 다시 뒤로 돌아가게 되어 있다. 궁극적으로 퇴보는 반란으로 이어진다. 하나님으로부터 이탈할 뿐 아니라 이제는 의도적으로 다른 통치자와 계약을 맺는다.

"내 백성이 두 가지 악을 행하였나니 곧 그들이 생수의 근원 되는 나를 버린 것과 스스로 웅덩이를 판 것인데 그것은 그 물을 가두지 못할 터진 웅덩이들이니라"렘 2:13.

'생수의 근원되는 나를 버린 것'은 타락이라기보다 퇴보이다. 퇴보와 반란 모두 결국 타락으로 이어진다. 주께서는 타락과 관련하여 끔찍한 단어들을 사용하신다. 하나님의 눈에 비쳐진 타락에 대한 묘사를 보면, 도덕적 의식이 있는 각 개인들에게 충격을 주는 단어들이 사용되고 있다.

"내게 배역한 이스라엘이 간음을 행하였으므로 내가 그를 내쫓고 그에게 이혼서까지 주었으되 그의 반역한 자매 유다가 두려워하지 아니하고 자기도 가서 행음함을 내가 보았노라"렘 3:8.

진리를 깨닫지 못해서 나온 반응

"자기가 하늘에서 내려온 떡이라 하시므로 유대인들이 예수에 대하여 수군거려 … 그러므로 유대인들이 서로 다투어 이르되 이 사람이 어찌 능히 자기 살을 우리에게 주어 먹게 하겠느냐"요 6:41,52.

진리를 접하였지만 깨닫지 못한 사람들은 더 강퍅해지면서 다른 사람들까지 그 진리를 깨닫지 못하도록 방해한다. 우리를 향한 하나님의 비전을 본 후에 그 비전을 놓치면, 우리는 "오, 그렇지. 그 비전은 다른 사람 것이지 내 것이 아니었어"라고 말한다. 이러한 경향은 우리 모두에게 있지만, 우리는 이를 거의 느끼지 못한다.

주께서는 사탄이 진리를 접한 후에 그 진리를 깨닫지 못한 영혼들을 가로챌 가능성이 있다고 말씀하셨다. 주님께서 주의 십자가를 수단으로 하나님의 놀라운 은혜를 얻도록 하셨기에, 우리가 깨닫지 못한 사실에 대하여 핑계할 수 없다. 주 예수 그리스도의 능력의 생명이 우리로 하여금 주의 말씀을 깨닫게 한다. 많은 사람들이 예수님의 생명을 받지 않은 채 깨달아 보려고 노력한다. 그러나 그들은 반드시 실패할 수밖에 없다. 그들의 자세가 문제가 아니라 예수님의 생명이 없으니 필연적으로 깨닫지 못하는 것이다.

예수님의 생명을 받은 후에 주께서 우리에게 알도록 계시하시는 것을 붙들지 못한다면, 이는 주님께 무의식적인 모독이 된다. 이런 경우 우리는 주께서 말씀하신 '맛을 잃은 소금'에 해당하게 된다.

> "너희는 세상의 소금이니 소금이 만일 그 맛을 잃으면 무엇으로 짜게 하리요 후에는 아무 쓸 데 없어 다만 밖에 버려져 사람에게 밟힐 뿐이니라"마 5:13.

맛을 잃은 소금이 물질 세계에서 가장 저주스러운 영향을 주듯이, 거룩을 잃은 성도는 영적인 세계 속에서 전염병 같은 악영향을 끼친다. 우리의 눈이 생명의 근원이신 주 예수 그리스도로부터 벗어나는 순간, 우리는 성도의 모습을 잃는다. 그러면 우리에게는 어떠한 죄악이나 실수도 가능하게 된다. 그러나 하나님의 빛 가운데 거하는 삶은 언제나 어린아이같이 진실하고 기쁨이 넘친다. 어린아이들은 부모가 원하는 것이 무엇인지 알면 부모를 기쁘게 하기 위해 순종한다. 또한 부모에게 부탁함으로써 자신의 힘보다 더 큰 힘을 얻어내는 비결을 안다. 그렇지 않을 경우, 그들은 방탕한 자녀가 될 위험에 빠진다.

순종치 않은 자들의 수군거림

"예수께서 스스로 제자들이 이 말씀에 대하여 수군거리는 줄 아시고 이르시되 이 말이 너희에게 걸림이 되느냐"요 6:61.

진실로 하나님의 생명을 맛보고 자신을 향한 하나님의 뜻을 안 후에 몇 달 혹은 몇 년 동안 순종을 통하여 그 뜻을 이루지 않았다면, 그 뜻에 대하여 수군거리는 현상이 반드시 일어난다. 우리가 했어야만 할 일을 하지 않았을 때는 반드시 그 기준에 대하여 수군거리는 욕구가 생긴다. 의도적으로 하나님의 생명이 우리 안에서 역사하시지 못하도록 한 경우, 우리는 순종하지 못한 진리에 대하여 수군거린다.

하나님과 동행하는 것을 막는 두 가지가 있다. 첫째는 '쇼 비즈니스'show business이다. 이 말은 많은 사람들에게 인기를 끌려는 욕구를 의미한다. 이 욕구를 가진 당신은 예수 그리스도의 기준을 낮추어 사람들에게 맞추려 할 것이다.

둘째는 동감이다. 다른 사람을 향한 하나님의 관심에 동감을 느끼는 것이 아니라 사람들끼리 서로 동감을 느끼는 경우이다. 이러한 경우 언제나 하나님의 기준에 대하여 수군거리게 된다. 이때 사람들은 노골적인 욕설을 내뱉기보다 매우 경건한 한숨을 쉬며 말할 것이다.

"오, 안 돼. 절대로 그렇게까지는 될 수 없어."

완전 성결을 가르치는 당신의 메시지는 아름다운 언어로 포장되어 있을지 모른다. 그런데 당신은 "이것은 하나님의 기준이지만, 물론 이렇게 될 수는 없지요"라고 말한다. 이때 이 메시지를 듣는 영혼들에게는 한 가지 결과만 나타날 수 있다. 곧 하나님의 기준을 향해 수군거리는 것이다. 그러나 그 기준에 따라 우리 모두 심판 받게 될 것이다. 많은 사역자들이 유창한 말로 하나님의 위대한 기준을 쉽게 선포한다. 그러나 곧바로 다음과 같이 겸손하게 말함으로써 하나님의 기준을 뒤엎어 버린다.

"그러나 하나님께서는 내가 그러한 완전 성결의 자리에 가 있다고 말하는 것을 금하십니다."

이 말은 무섭도록 잘못된 말이다. 왜냐하면 이 말의 의미는 예수 그리스도께서 그 자리까지 나를 이끄실 수 없고 완전 성결은 우리가 이룰 수 없는 이상이 되기 때문이다. 그러나 성경을 대하면 우리가 완전 성결의 자리에 이를 수 있다고 자명하고 쉽게 말한다. 모든 하나님의 명령은 가능하다. 예수 그리스도를 통해 하나님께 가지 못한 자들에게 절대로 동감하지 말라. 주님은 결코 까다롭거나 잔인한 분이 아니시다. 오히려 온유한 연민과 자상함의 본체시다. 우리가 말씀대로 순종하지 못하는 이유는 우리 안에 뭔가가 버티고 있기 때문이다. 그러나 그것을 내려놓는 순간, 예수 그리스도의 놀라운 생명이 우리의 삶에서 역사하기 시작한다.

불신앙으로 인한 거절

"예수께서 대답하시되 내가 너희 열둘을 택하지 아니하였느냐 그러나 너희 중의 한 사람은 마귀니라 하시니 이 말씀은 가룟 시몬의 아들 유다를 가리키심이라 그는 열둘 중의 하나로 예수를 팔 자라"요 6:70-71.

사람들은 예수님이 세우신 기준에 대해 수군거릴 뿐 아니라 가룟 유다가 행한 일을 할 가능성도 있다. 곧 불신앙 가운데 주님을 부인할 수 있다. 가룟 유다를 최악의 죄인으로 만드는 것은 쉽지만, 실상 우리 모두 그처럼 될 수 있는 가능성이 있다는 점에서 그는 경계해야 할 불신앙의 전형이다. 그러나 감사하게도 모범적 신앙의 전형도 있다. 사도 바울은 우리 모두 주의 은혜로 바울처럼 될 수 있음을 보여 준다. 언제나 자신이 가룟 유다가 될 수 있다는 사실을 잊지 말라.

이러한 진리는 소름 끼치지만 오히려 그 어둔 밤의 공포는 우리로 하여금 말로 다할 수 없는 안전한 포구인 예수 그리스도께로 더욱 이끈다. "사악한 자의 길은 험하니라"잠 13:15라는 말씀은 참으로 옳다.

사람이 잘못된 길로 쉽게 가지 못하도록 하나님께서 그 길을 험하게 하시는 것이 마땅하지 않은가? 그 길에 위험 신호를 달아놓으시는 것이 당연하지 않은가? 사악한 자의 길은 분명하게 경계 신호들로 가득하기에, 잘못된 길을 쉽게 간다는 것은 불가능하다.

그러므로 우리는 주님께서 "내게로 오라"마 11:28, "내가 곧 길이요 진리요 생명이니"요 14:6라고 하신 말씀의 그 오묘함을 새롭게 배우게 된다.

7장

유혹

죄의 성향은 하나님께서 나를 다스리시는 것에 대항하는 근본적인 반란이다.
그 성향이 남아 있는 한, 유혹은 내 안에서 죄의 습성을 찾아낸다.
그러나 주님께서 죄의 성향으로부터
나를 구원하시면 유혹은 내 안에서 죄의 습성을 찾아내지 못한다.
따라서 단지 가능성만을 시험해볼 뿐이다.

"그런즉 선 줄로 생각하는 자는 넘어질까 조심하라 사람이 감당할 시험 밖에는 너희가 당한 것이 없나니 오직 하나님은 미쁘사 너희가 감당하지 못할 시험 당함을 허락하지 아니하시고 시험 당할 즈음에 또한 피할 길을 내사 너희로 능히 감당하게 하시느니라"고전 10:12-13.

'유혹'이라는 단어는 계속 사용되어 왔는데, 오늘날에는 이 단어가 잘못 사용되고 있다. 유혹은 죄가 아니다. 우리가 사람이기에 유혹을 받을 수밖에 없다. 유혹을 받지 않는다는 것은 무시당하는 것이다. 유혹이란 유혹 받는 자의 속성에 잘 맞는 것으로, 그 대상의 속성을 드러낼 가능성이 크다. 모든 사람은 각각 나름대로의 유혹을 받는다.

철의 질이 어떠한지 시험할 때 부하를 걸어 내구력을 점검하듯이, 유혹은 어떤 인격체의 내적 자질들이 외적인 힘에 의해 시험받는 것을 뜻한다. 이러한 개념은 주님이 받으신 유혹을 잘 설명해준다. 주님은 주의 위격인격 안에서 인류의 왕이시며 이 세상의 구세주라는 사실을 붙들고 계셨다. 이에 대해 '사탄'이라는 외부 세력이 주를 찾아와 시험하였다.

유혹은 인격체가 자신이 원하는 것을 신속하게 이루고자 타협할 때 모질게 다가오는데, 순진무구함을 좋은 성품으로 훈련시킬 수도 있고 나쁜 성품으로 타락시킬 수도 있다. 그러나 어떤 유혹은 더 이상 우리에게 아무런 자극이 되지 않는다. 이는 다른 유혹들을 대해야 하는 더 높은 차원으로 올라가게 된 것이다. 우리는 자신을 잘 추슬러 유혹에서 비교적 자유로울 수도 있다. 그러나 성령으로 거듭난 후부터는 전에 의식하지 못했던 영적 차원의 유혹이 시작된다.

유혹과 죄

"시험을 참는 자는 복이 있나니 이는 시련을 견디어 낸 자가 주께서 자기를 사랑하는 자들에게 약속하신 생명의 면류관을 얻을 것이기 때문이라 사람이 시험을 받을 때에 내가 하나님께 시험을 받는다 하지 말지니 하나님은 악에게 시험을 받지도 아니하시고 친히 아무도 시험하지 아니하시느니라 오직 각 사람이 시험을 받는 것은 자기 욕심에 끌려 미혹됨이니 욕심이 잉태한즉 죄를 낳고 죄가 장성한즉 사망을 낳느니라" 약 1:12-15.

유혹은 죄와 크게 달리, 원하는 목적의 경로에서 복잡한 상황으로 인도한다. 따라서 사람은 그 딜레마 가운데 어느 쪽을 따를 것인지 결정해야 한다. 죄 지을 가능성과 죄를 짓는 습성은 서로 다른 것이다. 모든 사람은 살인을 저지를 가능성이 있지만 살인하는 습성은 없다. 죄의 습성은 그것이 실천에 옮겨지든 아니든 행위 자체와 다름 없다롬 2:1 ; 요일 3:15. 사탄에게는 불순종의 가능성이 있었다. 그를 딜레마에 빠뜨리는 유혹이 왔을 때, 그는 하나님께 대항하는 습성을 가졌다. 아담에게도 불순종의 가능성이 있었다. 딜레마에 빠뜨리는 유혹이 찾아오자 그는 뜻을 정하여 불순종하였다. 그 후 하나님께 불순종하는 성향은 온 인류의 유전 형질이 되었다.

"그러므로 한 사람으로 말미암아 죄가 세상에 들어오고 죄로 말미암아 사망이 들어왔나니 이와 같이 모든 사람이 죄를 지었으므로 사망이 모든 사람에게 이르렀느니라"롬 5:12.

죄의 성향은 하나님께서 나를 다스리시는 것에 대항하는 근본적인 반란이다. 그 성향이 남아 있는 한, 유혹은 내 안에서 죄의 습성을 찾아낸다. 그러나 주님께서 죄의 성향으로부터 나를 구원하시면 유혹은 내 안에서 죄의 습성을 찾아내지 못한다. 따라서 단지 가능성만을 시험해볼 뿐이다.

"그러나 이제는 너희가 죄로부터 해방되고 하나님께 종이 되어 거룩함에 이르는 열매를 맺었으니 그 마지막은 영생이라"롬 6:22.

예수 그리스도께도 불순종의 가능성은 있었다. 그러나 딜레마에 빠뜨리는 유혹이 왔을 때, 그 유혹은 주님 안에서 불순종의 습성을 찾지 못했다. 주님에 의해 구원을 받은 사람들마다 예수께서 유혹을 받으셨던 것과 같은 똑같은 상황에 처한다히 2:11 ; 4:15-16. 거듭나고 거룩하게 되기 전에는 그 누구도 주님이 받으신 유혹의 일반 특징이 무엇인지 추측조차 할 수 없다.

'죄가 없는 완전함'이라는 이단은 이 부분을 혼동한 데서 야기된다. 이 이단은 죄의 성향이 제거되었기 때문에 죄를 짓는 것이 불가능하다고 주장한다. 감사하게도, 죄의 습성은 제거되었다. 그러나 죄를 지을 가능성까지 제거된 것은 결코 아니다. 만일 불순종의 세력이 제거되었다면 우리의 순종은 아무런 가치가 없을 것이다. 그 이유는 우리는 더 이상 도덕적 책임을 지는 존재가 아니기 때문이다. 죄를 짓지 않을 가능성은 영광스럽지만, 그렇다고 하여 결코 죄를 짓는 것이 불가능해진 것은 아니다. 우리는 도덕적 존재이기 때문이다. 이 시대의 질서에서 우리는 불순종의 세력과 싸워 이겨야 한다. 우리는 매번 "넉넉히 이긴다"롬 8:37.

사도 야고보가 말하는 시험은 우리가 자연스럽게 아는 시험이다.

"오직 각 사람이 시험을 받는 것은 자기 욕심에 끌려 미혹됨이니"
약 1:14.

거듭나기 전에 우리는 이러한 종류의 유혹에만 부딪혔다. 그러나 거듭난 후에는 한 차원 위로 올라가면서 주님께서 겪으셨던 종류의 유혹들을 접하게 된다. 그분이 겪으신 유혹들은 자연적인 인간의 속성 안에서는 전혀 알 수 없는 것들이어서 우리에게 잘 와닿지 않는다. 인간 내면의 성향, 곧 자신의 인격성 안의 자질이 외면적으로 무엇에 의해 유혹을 받는지를 결정한다. 유혹은 언제나 우리를 다스리는 성향에 따라 찾아온다. 죄는 자기애의 성향이기 때문에 자신의 주권을 부추기는 모든 유혹에 굴복한다.

"죄는 자아중심적 통치로서 하나님 없이 자기 삶을 다스리려는 성향이다"

우리는 자연스럽게 자신의 성향에 의해 원하는 것을 탐하고, 욕심은 바른 성품을 왜곡시켜 타락으로 이끈다.

"자기 욕심에 끌려 미혹됨이니."

욕심이 보여주는 종착지는 특별히 황홀해 보이고 대단한 가능성을 제시한다. 만일 욕심이 명성이 아니라 치욕을 가져온다는 사실을 고려하지 못한다면 욕심은 앞다투어 질주할 것이다. 욕심이란 "나는 당장 그것을 가져야 한다. 내 욕구가 만족되어야 한다. 나는 그 어떠한 제지도 견딜 수 없다"는 마음을 의미한다. 유혹에 지면 삶에 죄가 싹트고 그 결과는 죽음이다. 야고보서 1장 14절은 유혹의 자연스러운 과정을 말해준다. 성경에서 욕심이라는 용어는 비도덕적인 것뿐 아니라 다른 여러 대상에 대해서도 쓰인다. 욕심은 그 대상이 무엇이든 "나는 그것을 당장 가져야 한다"는 정신이다. 유혹에 굴복하게 되면 그때부터 욕심은 우리의 신이 된다.

주님의 삶에서 유혹의 기간은 영적으로 높임을 받은 직후에 찾아왔다 마 3:16-17 ; 4:1. 이는 시험하는 세력이 의도한 기간이었다. 예수 그리스도께 임한 역사적인 유혹들은 하나님의 나라를 그릇된 방법으로 이루라는 선명한 그림들이었다. 예수 그리스도는 세례를 받으시면서 세상 죄를 감당하라는 사명을 받아들이셨다. 그러자 곧바로 성령에 의해 마귀가 시험하는 곳으로 이끌리셨다. 이때 주님은 '지치지' 않으셨다. 주님은 죄 없이 유혹을 지나시고 주의 온전한 성품을 그대로 유지해 내셨다.

"이에 마귀는 예수를 떠나고 천사들이 나아와서 수종드니라"마 4:11.

당신이 유혹을 잘 이겨냈을 때 나타나는 표시는, 지극히 높으신 분과 매우 친근한 관계를 유지하는 것이다.

유혹과 예수 그리스도

"그때에 예수께서 성령에게 이끌리어 마귀에게 시험을 받으러 광야로 가사 … 이에 마귀는 예수를 떠나고 천사들이 나아와서 수종 드니라"마 4:1,11.

"그가 시험을 받아 고난을 당하셨은즉 시험 받는 자들을 능히 도우실 수 있느니라 … 우리에게 있는 대제사장은 우리의 연약함을 동정하지 못하실 이가 아니요 모든 일에 우리와 똑같이 시험을 받으신 이로되 죄는 없으시니라 그러므로 우리는 긍휼하심을 받고 때를 따라 돕는 은혜를 얻기 위하여 은혜의 보좌 앞에 담대히 나아갈 것이니라"히 2:18 ; 4:15-16.

외부 환경은 내면의 욕구에 정확하게 맞도록 형성되고, 각 사람마다 다른 환경이 주어진다. 예를 들어, 내면의 성향이 달랐기에, 주님의 유혹은 가룟 유다의 유혹과 전혀 다른 것이었다. 예수님은 하나님이시기 때문에 그분이 당한 유혹은 실제가 아니었다고 말하는 것을 경계하라. 만일 주님이 당하신 유혹이 실제 유혹이 아니었다면 주님의 유혹에 대한 성경 기록은 단지 우스갯소리이며 사람들을 현혹시키기 위한 것일 뿐이다. 또한 "모든 일에 우리와 똑같이 시험을 받으신 이로되 죄는 없으시니라"히 4:15라고 말한 히브리서 기자는 거짓말을 한 것이 된다.

예수 그리스도께서 유혹을 받으실 수 있었을까? 의심할 여지 없이 그렇다. 그 이유는 유혹과 죄는 같은 것이 아니기 때문이다. 사도 야고보가 말하는 유혹과 예수님이 받으신 유혹은 성격상 매우 다르다. 평범한 우리에게 임하는 유혹들은 죄의 성향 때문에 모이는 것들이다.

누가복음 3장 23절은 "예수께서 가르치심을 시작하실 때에 삼십 세쯤 되시니라"라고 알려준다. 인간의 삶에서 사람이 성숙해지고 모든 힘이 완벽해지는 때가 바로 삼십 세이다. 성인으로서 조금도 부족함이 없는 때이다. 그때까지의 인생은 약속으로 가득하다. 그러나 이후부터는 시험과 성취가 중요하다. 예수님께서 세례를 받으시고 성령이 그 위에 내려오신 후부터, 하나님께서는 말 그대로 예수님을 보호하시던 손을 떼시고 마귀로 마음껏 최악을 행하도록 허락하셨다.

주님이 받으신 유혹과 우리의 유혹은, 우리가 거듭나서 주님의 형제가 되기 전까지는히 2:11 서로 다른 영역에 속한다. 예수님의 유혹에 대한 기록은 하나님께서 사람으로서 어떻게 유혹을 받으셨는지에 대한 기록이지, 사람이 어떻게 사람으로서 유혹을 받았는지에 대한 기록이 아니다.

> "예수님이 받으신 유혹은 사람이 사람으로서 당하는 유혹이 아니라 하나님이 사람으로서 당하신 유혹이다"

예수 그리스도는 죄의 유전을 가지고 태어나지 않으셨다.

"그러므로 그가 범사에 형제들과 같이 되심이 마땅하도다"히 2:17.

주님은 '그분의 형제들' 안에서 태어나셨다. 성경 어디에도 예수 그리스도께서 일반 사람들인 "우리처럼 유혹을 받으셨다"는 내용이 없다. 중생에 의해 하나님의 아들이 우리 안에 형성되면, 우리 안에 계신 하나님의 아들은 주께서 이 땅에 계셨을 때 받으셨던 똑같은 유혹을 다시 받게 되신다. 당신은 우리 안에 계신 주님의 생명을 둘러싼 유혹들 가운데서 주님께 항상 충성하겠는가? 마귀는 대부분의 사람들을 귀찮게 할 필요가 없다. 우리 안에는 이미 우리를 죄 가운데 붙들기에 충분한 욕심이 있다. 그러나 사람이 위로부터 거듭나면 사탄은 유혹의 차원을 순식간에 바꾸는데, 이제 유혹이 조준하는 것은 다름 아닌 '거듭남을 통해 임한 새 성향'이다.

주님은 자신의 인격적 생명 안에 담긴 것, 즉 이 세상의 구세주시며 인류의 왕이신 사실을 완성시키기 위해 시험을 받으셨다. 사탄의 유혹은 주님이 그 완성을 지름길로 이루게 하는 것이었다. 주님이 받으신 유혹은 그분의 성향에 의해 정해졌다. 욕심이 없으셨으니 욕심에 의해 유혹을 받으실 리 만무하셨다. 그러나 주님은 주의 성육신하신 목적을 달성시키는 데 하늘 아버지께서 정하신 방법이 아닌 다른 방법을 취하도록 유혹 받으셨다. 사탄은 예수님께 '광명의 천사'로 다가와 "당신은 하나님의 아들이다. 그러니 당신의 방법으로 하나님의 일을 이루라"고 속삭였다. 이에 대한 주님의 답변은 "내가 하늘에서 내려온 것은 내 뜻을 행하려 함이 아니요 나를 보내신 이의 뜻을 행하려 함"요 6:38이라는 것이다. 사탄은 그가 제안한 지름길을 주께서 취하실 때 발생할 일을 약속하였는데, 실상 그 약속은 거짓이 아니었다요 6:15. 그러나 주님은 사탄이 제안한 의미의 인류의 왕이 되기를 거절하셨다. 주님은 의도적으로 고통을 피하지 않는 '멀고 먼 길'을 택하셨다히 2:9-10.

유혹, 죄인과 성도

"시험에 들지 않게 깨어 기도하라 마음에는 원이로되 육신이 약하도다"마 26:41.

"너희는 나의 모든 시험 중에 항상 나와 함께한 자들인즉"눅 22:28.

"오직 각 사람이 시험을 받는 것은 자기 욕심에 끌려 미혹됨이니 욕심이 잉태한즉 죄를 낳고 죄가 장성한즉 사망을 낳느니라"약 1:14-15.

하나님께서 우리를 더 높은 차원으로 이끄셔서 다른 종류의 유혹을 겪게 하시는 것을 거부할 경우, 우리는 겪지 말아야 할 쓸모없는 유혹들을 겪게 된다. 예수님이 당하신 유혹은 자연적인 것에 대한 애착과는 거리가 멀다. 거듭나면 우리는 주님께서 베드로에게 하신 "사탄이 너희를 밀 까부르듯 하려고 요구하였으나"눅 22:31라는 말씀의 의미를 깨닫게 된다.

우리의 자연적 생명 안에는 "나는 나의 최선을 이룰 것이다. 내 목적들을 위해 나를 훈련시키려고 한다"는 자아실현의 가능성이 내재해 있다.

위로부터 거듭나기까지, 우리가 가진 최고의 목표는 자아실현이다. 우리의 인격이 가진 타고난 자질들이 끝까지 '버틸' 수 있는지, 외부적인 힘에 의해 시험 받게 될 것이다. 이때의 유혹은 우리가 악이 아닌 선으로 알고 있는 것을 지향한다눅 16:15. 한동안 유혹은 우리를 완전히 헷갈리게 한다. 그러면 우리는 혼란에 빠져 그 유혹의 방향을 알지 못한다.

영적인 삶은 마법의 알약을 먹음으로써 얻는 것이 아니라 도덕적인 선택에 의해 이룰 수 있다. 우리는 선하게 보이는 것들을 영적인 차원에서 시험할 수 있어야 한다. 자연적인 삶과 도덕적인 삶, 영적인 삶의 기초 원리는 동일하다.

> "우리는 각 영역인 신체적 · 도덕적 · 영적 싸움을 이김으로써 건강을 유지한다"

건강은 신체적 생명과 외부적 자연 간의 균형이다. 만일 내면에서 싸우는 힘이 줄어들거나 손상되면 병이 든 것이고, 외부의 것들이 생동력을 붕괴시키기 시작한다. 도덕적인 삶도 마찬가지이다. 덕에 해당하지 않는 모든 것은 내 안의 덕을 무너뜨리려고 한다. 그러나 내 안에 그보다 강한 도덕적인 도량이 있으면 반대 세력을 이기고 덕을 세우게 될 것이다. 영적으로도 마찬가지이다. 만일 영적으로 싸울 충분한 힘이 있으면, 예수 그리스도의 성품과 닮은 성품을 만들어낼 것이다. 성품은 이루어가는 것이지 거저 주어지는 것이 아니다.

마귀의 궁극적인 목적은 유혹을 통해 우리를 잘못된 행동으로 빠지게 하는 것이 아니라, 하나님께서 중생을 통해 우리 안에 넣으신 생명이 하나님 앞에서 가치 있게 활동하지 못하도록 하는 것이다. 마귀가 예수 그리스도를 공격할 때 사용했던 핵심 무기는 우리가 위로부터 거듭날 때 우리 안에도 날아온다. 사탄은 우리로 하여금 자신의 대한 권리를 주장하게 만든다. 사탄의 목표는 하나님을 폐위시키는 것이다. 죄의 성향을 통해 사탄이 이루려는 모든 목표는 우리를 유혹하여 하나님을 폐위시키는 것이다. 성경은 '사탄'에 대해 잘못을 범하거나 그로 인해 죄악의 책임을 져야 할 존재로 제시하지 않고, 사람을 유혹하여 죄를 범하게 하는 악 자체로 제시한다.

유혹에는 제약이 있다.

> "오직 하나님은 미쁘사 너희가 감당하지 못할 시험 당함을 허락하지 아니하시고"고전 10:13.

하나님은 유혹 자체를 막아주지는 않으신다. 대신 유혹 가운데서 우리를 구원하신다. 히브리서 기자가 말하는 시험은 타락한 인간에게 임하는 시험이 아니라 거룩하게 된 영혼에게 임하는 시험을 의미한다히 4:15. 주님은 제자들에게 "시험에 들게 하지 마시옵고"마 6:13라고 기도하라고 가르치셨다. 주님은 야고보 사도가 언급하는 시험이 아니라 친히 성령에 의해 이끌려 받은 시험을 말씀하신 것이다. 결국 하나님께서 주를 보호하던 손을 떼신 것이다. 마찬가지로 우리가 거룩의 역사를 지나 성도의 삶을 시작하면, 하나님께서는 우리에게서 손을 떼시고 세상이 그 모든 죄악을 우리에게 행하도록 내버려두신다. 그 이유는 하나님께서 성도 안에 계신 주님이 그를 대항하는 자보다 더 크다는 사실을 확신하시기 때문이다.

양심

양심이 어떻게 기록하는지는
하나님에 대해 어떤 빛이 비치고 있는지에 따라 달라진다.
예수 그리스도는 하나님에 대해 비치는 유일한 참빛이다.
예수 그리스도를 볼 때 새로운 양심을 얻는 것은 아니지만
하나님에 대해 비치는 완전히 새로운 빛을 얻을 수 있다.

양심은 인간의 영혼 안에 내재하는 기능으로서, 무신론자이든 그리스도인이든 상관없이 자신이 아는 최고와 연결되어 있다. 그리스도인이 아는 최고는 하나님이고, 무신론자가 아는 최고는 자신의 원칙이다.

'양심은 하나님의 음성'이라는 말은 엉터리라는 사실을 쉽게 증명할 수 있다. 만일 양심이 하나님의 음성이라면 그 음성은 모든 사람들 안에서 똑같아야 한다. 바울은 "나도 나사렛 예수의 이름을 대적하여 많은 일을 행하여야 될 줄 스스로 생각하고"행 26:9라고 말하였다. 바울은 그의 양심에 따라 행했다. 주님은 "무릇 너희를 죽이는 자가 생각하기를 이것이 하나님을 섬기는 일이라 하리라"라고 말씀하셨다. 불신론자들은 자신들의 양심을 순종한다는 명목으로 그리스도인을 죽일 수 있다.

우리의 눈은 보는 것을 정확하게 기록한다. 눈은 단지 기록만 할 뿐이고 그 기록은 보는 빛에 따라 다르게 해석된다.

"양심은 영혼의 눈으로써 하나님에 대해
배운 것에 기초하여 밖을 본다"

양심이 어떻게 기록하는지는 하나님에 대해 어떤 빛이 비치고 있는지에 따라 달라진다. 예수 그리스도는 하나님에 대해 비치는 유일한 참빛이다. 예수 그리스도를 볼 때 새로운 양심을 얻는 것은 아니지만, 하나님에 대해 비치는 완전히 새로운 빛을 얻을 수 있다. 그 빛에 따라 양심이 기록을 시작하면, 우리는 그 결과로 죄의 책망을 철저하게 느끼며 당황하게 된다.

양심의 조항들

양심의 조항들이란 창조주의 손으로 우리 안에 넣어두신 양심의 규칙들을 의미한다. 그 조항에는 '하나님은 사랑이시다', '하나님은 거룩하시다', '하나님은 가까이 계신다'가 들어 있다. 성경은 '하나님은 사랑이시다'라고 기록한다. 그러나 이 사랑은 '하나님의 사랑'임을 염두에 두라. 그 사랑은 예수 그리스도나 하나님이 처음에 창조하신 타락 전의 아담 같은 존재에게는 말로 표현할 수 없는 지복이지만, 그와 다른 우리에게 그 사랑은 정말로 지옥의 고통이다. 하나님이 사랑이시고 거룩하시며 가까우시다는 것을 아는 것은, 하나님과 순진 무구한 관계를 가진 처음 사람 아담에게는 순수한 즐거움이었다. 그러나 그가 타락한 후에는 그분을 아는 것이 지독한 공포가 되었다. 하나님은 자신처럼 사람을 순결하고 정결하게 하시기까지는 결코 사람을 떠나실 수 없다. 하나님의 사랑의 속성이 사람을 저버리는 것을 허용하지 않기 때문이다.

양심의 규칙들은 거듭난 영혼뿐 아니라 타락한 영혼 안에도 깊게 뿌리를 내리고 있다.

양심의 태도들

하나님이 사랑, 거룩, 가까우신 분으로 계시될 때, 사람의 양심은 죽음의 깊은 잠에서 깨어난다. 그러나 그 계시는 사람에게 평화가 아니라 지옥을 가져다준다.

> "내가 세상에 화평을 주러 온 줄로 생각하지 말라 화평이 아니요 검을 주러 왔노라" 마 10:34.

예수님은 사람 앞에 나타나실 때마다 사람이 죄로 인하여 하나님을 떠났다는 사실을 알려주신다. 그러면 사람들은 주님 앞에서 두려워 떤다. 바로 이 때문에 사람들은 예수 그리스도 대신에 다른 것을 마음에 두려고 한다. 즉, 하나님께서 깜짝 놀랄 순결함 가운데 자신에게 가까이 오심을 어떻게든 막고 싶은 것이다.

만일 하나님께서 가까이 오시면, 그 순간 양심은 하나님이 거룩하시기에 거룩하지 않은 어떤 것도 주님과 함께할 수 없다는 사실을 기록한다. 따라서 주님의 임재는 죄인에게 고통을 준다.

"내가 와서 그들에게 말하지 아니하였더라면 죄가 없었으려니와 지금은 그 죄를 핑계할 수 없느니라"요 15:22.

자아의식

양심이 하는 첫 번째 기능은 자아의식을 고취시키는 것인데, 이때 당황스러움이 발생한다. 어린아이가 사랑스러운 이유는 자아의식이 전혀 없기 때문이다. 그러나 아이가 자아를 의식하기 시작하면 어색함과 부끄러움을 느끼며 온갖 부자연스러운 행동을 하게 된다. 사람의 양심이 하나님을 만나 깨어나게 되면 자아의식이 생기면서, 마치 박쥐가 빛을 피해 달아나는 것처럼 하나님으로부터 도망하게 된다. 대부분의 사람들은 우리가 하나님 앞에 설 때 양심이 무슨 작용을 하는지 잘 모르고 있다. 우리는 죄에 대해 너무나 가볍게 말한다. 그러나 성령에 의해 조명된 양심의 빛으로 예수 그리스도 없이 하나님 앞에 일초라도 서 보라. 그러면 당신은 즉시 다음에 언급된 상황을 의식하게 될 것이다.

"이에 그들의 눈이 밝아져 자기들이 벗은 줄을 알고" 창 3:7.

당신은 짐승과 유사할 뿐 당신 안에 하나님의 속성이 전혀 없음을 깨닫게 될 것이다.

세상의식

양심의 빛에 가책을 느끼면, 우리는 외부의 여러 시끌벅적한 곳으로 달려간다. 기독교 초기 시절에 사람들은 자신들의 죄에 대해 마음 아파했다. 그러나 오늘날 심리학자들은 "사람이 건강할 수 있는 비결은 죄에 대하여 망각하는 것"이라고 말한다. 망각의 방법으로 세상일에 바쁘게 빠져들라고 말한다. 따라서 양심을 잠재우기 위해 일을 향해 질주하는 것이 오늘날 우리 삶의 특징이다.

"쉽게 살라. 건강한 몸을 유지하라. 절대로 양심을 불편하게 하지 말라. 어떻게 하든 신앙적 만남을 피하라. 우리 마음을 찌르는 성향의 일들을 피하라."

이 표현에서 '마음을 찌르는 성향의 일들'이란 성령의 책망과 관련된다.

하나님의식

세상의 더러움을 느끼든, 세상일에 관심을 갖고 세상에서 바쁘든, 자기 나름대로의 논리로 살아가든, 하나님에 대한 의식은 우리 속에서 비집고 나온다. 우리는 은연중에 하나님을 느끼게 되면서 평강을 잃고 혼란에 빠진다.

우리는 하나님께서 인간을 만드실 때의 기본 구조를 내어버리고 있다. 하나님은 거룩하시기 때문에 거룩하지 않은 것과 함께하실 수 없다. 만일 거룩하지 않은 것이 하나님과 함께하려고 한다면 그 결과는 고통뿐이다. 양심이 하나님에 의해 깨어나면 우리는 간교한 위선자가 되거나 성도가 된다.

"하나님의 율법이 양심을 통해 역사하면, 우리는 고침을 받을 수 있는 곳으로 가든지 자신을 속이는 곳으로 가게 된다"

사람들 때문이 아니라 자신의 양심 때문에 우리의 종교적 자세에 변화가 생긴다. 하나님이 계시면 불편하기 때문에 하나님을 피할 수 있다면 무엇이든지 한다.

깨어난 양심

죄로 무장된 양심

대부분의 사람들은 죄와 허물로 죽은 상태에 있다. 주님은 이 사실을 설명하신다.

> "강한 자가 무장을 하고 자기 집을 지킬 때에는 그 소유가 안전하되 더 강한 자가 와서 그를 굴복시킬 때에는 그가 믿던 무장을 빼앗고 그의 재물을 나누느니라"눅 11:21-22.

이 세상 신이 다스리면 사람들은 죄로 자신을 무장하게 된다. 반드시 악한 행동을 한다는 의미가 아니라 악한 자세를 취하게 된다는 말이다. 따라서 시편 기자가 말한 것처럼, 그들에게는 더 이상 죄로 인한 불편함과 혼동, 당황함이 없다.

> "그들은 죽을 때에도 고통이 없고 … 사람들이 당하는 고난이 그들에게는 없고 … 그들의 소득은 마음의 소원보다 많으며"시 73:4-7.

죄 가운데 깨어남

그러면 양심은 어떻게 깨어나게 되는가? 사람이 스스로 양심을 깨울 수는 없다. 오직 성령만이 깨우실 수 있다. 주님은 강한 사람이 더 강한 사람과 전쟁을 한다고 말씀하지 않으셨다. "더 강한 자가 와서 그를 굴복시킬 때에는"눅 11:22이라고 말씀하신다.

성령이 죄로 무장한 사람에게 예수 그리스도를 보이시면, 무장이 해제된 그는 예수님께서 하신 말씀 그대로 고통과 아픔과 당황을 체험하게 된다. 이전에 그는 이 세상 신의 평화로 무장했고 그의 양심은 모든 것이 괜찮다고 받아들였다. 그러나 갑자기 예수 그리스도가 나타나시자 양심은 하나님의 빛 앞에서 자신의 모습이 어떠한지를 보여준다. 내면의 요새는 쑥대밭이 되고 평화와 기쁨은 사라지며 그는 소위 '죄의 책망' 아래 놓이게 된다.

거룩을 향해 달려감

"그가 와서 죄에 대하여, … 책망하시리라"요 16:8.

우리는 엉뚱한 것으로 다른 사람들을 죄로 책망하려는 경향이 있다. 죄의 책망을 체험한 대표적인 사람은 사도 바울이다.

"전에 율법을 깨닫지 못했을 때에는 내가 살았더니 계명이 이르매 죄는 살아나고 나는 죽었도다"롬 7:9.

회심에 대한 바울의 설명에는 죄를 책망하는 언급이 없고 오직 궤도에서 벗어난 것, 어둠과 고통에 대한 책망이 있다. 그러나 자신 안에서 뜨겁게 역사하시는 성령님과 아라비아에서 3년 동안 지낸 후 죄에 대한 분석을 하기 시작한다. 죄에 대한 감각은 거룩에 대한 감각과 비례한다. 다음 찬송은 정확하게 그 내용을 반영한다.

"최선을 다해 주님을 섬기려는 자는
자신 안에 가장 악함을 의식하는 자일세."

이 의미는 죄와 거룩이 우리 안에 함께한다는 뜻이 아니다. 죄와 거룩은 결코 함께 거할 수 없다. 위 의미는 정확하게 바울이 말한 내용이다.

"내 속 곧 내 육신에 선한 것이 거하지 아니하는 줄을 아노니"롬 7:18.
"우리는 우리 자신이 사형 선고를 받은 줄 알았으니 이는 우리로 자기를 의지하지 말고"고후 1:9.

우리 대부분은 거룩을 향한 뼈저린 각성 없이 그저 거룩에 대한 말만 많다. 성령은 계속 우리를 이끄셔서 하나님의 빛 가운데서 자신을 보게 하심으로 우리의 진짜 속성은 '죄'라는 사실을 알게 하신다.

만일 당신이 죄가 무엇인지 알기를 원한다면, 죄악을 범한 사람보다 구속을 통해 하나님의 거룩을 깨달은 성도에게 물으라. 그러면 그가 당신에게 죄가 무엇인지 정확하게 말해줄 것이다. 저지른 죄악 때문에 고통을 느끼는 사람은 그 죄악 때문에 처절하게 회개하는 모습을 보이지만 사실 죄에 대해 아는 바가 거의 없다. 오직 하나님께서 빛 가운데 계심같이 빛 가운데 거할 때만, 우리는 예수 그리스도의 보혈이 인간이 헤아릴 수 없는 저 깊은 곳까지 정결하게 하는 것을 이해할 수 있다요일 1:7. 종종 성령은 바울에게 하신 것처럼 성도들로 하여금 자신들의 과거를 돌아보게 하신다.

"내가 전에는 비방자요 박해자요 폭행자였으나"딤전 1:13.

이 고백을 할 때의 바울은 성숙한 성도였다. 그러나 그는 예수 그리스도가 자신을 붙잡기 전의 모습을 돌아보곤 했다.

양심은 하나님의 도덕법에 대한 내면의 인식이다. 당신은 하나님의 영을 통한 양심에 의해 죄의 책망을 경험한 적이 있는가? 만일 그렇다면 당신은 '하나님은 하나님이시기에' 절대로 당신을 용서하실 수 없다는 사실을 깨닫게 될 것이다.

하나님은 사랑이시기 때문에 우리를 용서하신다는 감상적인 말들이 참으로 많다. 그러나 하나님은 참으로 거룩하시기에 죄를 용서하실 수 없다. 하나님께 거룩하지 않은 것의 결과는 멸망 밖에 없다.

속죄는 하나님이 죄인을 용서하시기 때문에 마음껏 죄를 지어도 용서함을 받는 것을 의미하지 않는다. 하나님께서 죄인을 구원하여 그를 성도로 변화시키셨음을 의미한다. 그러므로 우리는 양심을 통해, 하나님께서 절대로 하실 수 없는 일을 속죄 때문에 하실 수 있음을 깨닫게 된다.

이제 당신은 사람들이 증언할 때 그들이 성령에 의해 책망을 받아서 증언하는 것인지 아니면 잘못을 저질렀기 때문에 마음의 평정이 깨져서 고통을 받는 것인지 언제나 분별할 수 있다. 사람이 하나님의 영에 의해 양심 가운데 죄를 책망 받게 되면 다른 사람들과의 불편한 관계는 단지 어린아이 장난처럼 여겨질 뿐이다. 만일 죄에 대해 책망을 받았다면 당신은 가장 지독한 원수가 신은 신발의 먼지라도 털어주라고 하면 기꺼이 그렇게 할 수 있다.

> "성령으로 죄를 책망 받으면 인간 관계가 아무리 고통스럽더라도 당신의 진정한 고통과 비할 수 없다"

정말 당신을 힘들게 하는 것은 하나님과의 관계이다. 하나님의 사랑에서 벗어나 있고 그분의 거룩에서 벗어나 있어서, 하나님께서 내게 가까이 오신다는 생각 가운데 두려움에 떤다. 이것이 바로 죄의 책망에 있어서 가장 근본이 되는 요소이다. 이 부분이 오늘날 사람들에게서 찾아보기 힘든 요소이다. 사람들은 하나님 보좌에 계신 예수 그리스도의 완벽하신 빛을 들어올리기보다 인간들이 만든 선의 기준을 들어올린다. 예를 들어, 사람들은 사람의 모범 된 행위를 기준으로 동료들을 사랑해야 한다고 말한다. 그 결과 대부분의 사람들은 마음의 부담이 사라지면서 자기 의를 느끼기 시작한다.

> "그러나 그들이 자기로써 자기를 헤아리고 자기로써 자기를 비교하니 지혜가 없도다"고후 10:12.

그러나 성령에 의해 양심이 밝아지면 다음 세 가지의 놀라운 조항들, 즉 '하나님은 사랑이시다. 하나님은 거룩하시다. 하나님은 가까이 계신다'는 사실을 우리 내면의 생명에 곧바로 깨닫게 되면서, 우리는 공포로 위나 아래나 아무 곳도 바라볼 수 없게 된다.

어떤 사람이 하나님과 함께하기 시작하면, 그는 아무것도 고민하지 않는 참된 자유를 누리기 시작한다. 그러나 성령은 차근차근 반드시 그 사람의 상세한 부분까지 가르쳐주신다. 하나님은 우리 삶의 모든 구부러진 것과 뒤틀려진 부분, 생각과 감정 등을 완벽하게 알고 계시고 우리가 이 모든 면에서 흠이 없기를 요구하신다. 이때 우리에게 예수 그리스도가 없다면 절대적인 절망에 처하게 될 것이다. 그러나 예수 그리스도는 주께서 하실 수 있다고 주장하신 모든 것을 우리를 통해 행하기 시작하신다.

　속죄의 놀라움은 바로 완벽하신 구세주께서 그분의 완벽함을 우리에게 주셨다는 사실에 있다. 하나님께서 빛 가운데 계심같이 내가 빛 가운데 거하면, 생명의 모든 부분인 몸과 감정과 영적인 부분이 거룩 안에서 흠 없이 보존될 수 있다. 나의 의무는 빛 가운데 있는 것이고 하나님께서 그 나머지를 다 알아서 하신다.

　하나님은 우리를 홀로 두지 않으시고 "이제 그 정도면 다 됐다"라고 말씀하지 않으시기 때문에 성도 안에 있는 하나님의 생명은 종종 고통을 만든다. 하나님은 우리를 지키시지만 "소멸하는 불"히 12:29 이시기 때문에 계속 우리를 뜨겁게 타오르게 하실 것이다. 이 표현은 우리에게 가장 큰 위로를 준다. 하나님은 우리에게 더 이상 탈 것이 없을 때까지, 그래서 오직 우리가 하나님의 임재로만 탈 때까지 계속 태우고 흔들며, 흔들고 태우신다.

9장

인류

죄의 결속은 사탄이 능력을 나타낼 수 있는 바탕을 형성하면서
인류 가운데 흐르며 온 인류가 무신론이 되도록 만들고 있다.
죄의 초기 상태는 단지 하나님이 없는 상태이다.
예수 그리스도의 죽음과 일치되는 사람이 생길 때마다
사탄과 죄의 거대한 결속체는 계속 커다란 충격을 받는다.

"어찌하여 이방 나라들이 분노하며 민족들이 헛된 일을 꾸미는가 세상의 군왕들이 나서며 관원들이 서로 꾀하여 여호와와 그의 기름 부음 받은 자를 대적하며 우리가 그들의 맨 것을 끊고 그의 결박을 벗어버리자 하는도다 하늘에 계신 이가 웃으심이여 주께서 그들을 비웃으시리로다 그때에 분을 발하며 진노하사 그들을 놀라게 하여 이르시기를 내가 나의 왕을 내 거룩한 산 시온에 세웠다 하시리로다 내가 여호와의 명령을 전하노라 여호와께서 내게 이르시되 너는 내 아들이라 오늘 내가 너를 낳았도다 내게 구하라 내가 이방 나라를 네 유업으로 주리니 네 소유가 땅끝까지 이르리로다 네가 철장으로 그들을 깨뜨림이여 질그릇같이 부수리라 하시도다 그런즉 군왕들아 너희는 지혜를 얻으며 세상의 재판관들아 너희는 교훈을 받을지어다 여호와를 경외함으로 섬기고 떨며 즐거워할지어다 그의 아들에게 입맞추라 그렇지 아니하면 진노하심으로 너희가 길에서 망하리니 그의 진노가 급하심이라 여호와께 피하는 모든 사람은 다 복이 있도다"시 2편.

"하나님은 주의 일을 하신다. 당신은 당신의 할 일을 하라."
- 아미엘

오늘날 추세는 하나님의 손에서 우주의 관리권을 빼앗는 것이지만, 정작 우리는 내면의 우주를 다스리는 일을 간과하고 있다.

인류를 향한 열정

"세상의 군왕들이 나서며 관원들이 서로 꾀하여 여호와와 그의 기름 부음 받은 자를 대적하며"시 2:2.

성경이 말하는 '인류와 인류에 대한 하나님의 목적'은, 하나님께서 인류에게 충분한 자유를 허락하신다는 사실이다. 주님은 악한 영인 사탄에게도 거의 완벽한 자유를 허락하신다. 베드로는 하나님은 오래 참으시는 분이라고 말한다벧후 3:9. 하나님은 우리에게 개인적으로나 국가적으로 뭐든지 해볼 수 있는 넉넉한 기회를 주신다. 그러나 성경은 모든 만물의 끝에 사람들이 하나님의 목적과 그분의 심판이 옳다고 고백하게 될 것을 알려준다.

우리는 하나님이 보좌에 심판관으로 앉으셔서 인류를 망치로 두들겨 주님이 원하시는 모양으로 만들고 계신다는 생각을 버려야 한다. 가끔 하나님이 이런 식으로 제시되는 때가 있는데, 이는 의도적인 것은 아니고 단지 대부분의 사람들이 예수님의 원칙, 즉 "감추인 것이 드러나지 않을 것이 없고 숨긴 것이 알려지지 않을 것이 없다"눅12:2는 사실을 망각하기 때문이다. 결국 하나님의 심판은 매우 확실하게 임할 것이고 사람들은 그 심판이 옳다는 것을 인정하게 될 것이다. 한편, 하나님은 인류와 마귀에게 주의 목적과 심판이 공의롭지 않은 것인지 확인해보고 입증해볼 수 있는 충분한 기회를 주신다.

열정은 관심이 많다는 뜻이다. 인류를 향한 열정과 성도를 향한 열정은 서로 다르다. 하나님의 목적은 후자에 속한다. 도덕적인 면과 관련된 세력들과 문제들을 정확하게 알기 위해 다음 몇 가지를 살펴보자.

인류의 대표

> "그러므로 한 사람으로 말미암아 죄가 세상에 들어오고 죄로 말미암아 사망이 들어왔나니 이와 같이 모든 사람이 죄를 지었으므로 사망이 모든 사람에게 이르렀느니라"롬 5:12.

아담은 인류의 언약 대표로서, 죄악에 빠진 인간들에게 여전히 남아 있는 덕에 대한 핵심 열쇠이다. 이러한 덕은 하나님의 원래 계획의 잔재로 이해될 수 있을 뿐, 사람이 이루어야 할 약속으로 보면 곤란하다. 도덕적 문제는 다음과 같이 찾아온다. 우리는 천성적으로 어떤 주요한 덕을 지니고 있다. 그러나 이러한 덕은 우리의 구원을 위해 털끝만큼도 사용될 수 없다. 사람이 성령으로 거듭나면 이러한 덕은 거의 언제나 도움이 되기보다 방해가 된다. 예수 그리스도께서 교훈을 통해 요구하시는 덕과 파괴된 인성 안에 잔재로 남아 있는 주요 덕을 비교해보라(물론 잔재로 남은 덕은 그리스도 안에서 새 인류의 약속이 될 수 없다).

당신은 아무리 자연적인 덕을 뜯어고친다고 해도 예수 그리스도의 요구에 근접하지 못한다는 사실을 알게 될 것이다. 내면이 새롭게 만들어져야 하고 전적으로 새로운 덕을 개발하여 "그리스도 예수 안에서 한 새 사람"엡 2:15이 되어야 한다. 이 부분이 바로 성경을 다루지 않는 교사들이 가지는 문제의 핵심이다. 도덕 및 윤리에 대한 책들은 자연적인 덕을 취해 사람들이 이루어야 할 약속으로 만든다. 그러나 성경은 자연적인 덕이 한때 아담에게 있었던 덕의 잔재일 뿐 예수 그리스도의 덕이 아니라고 가르친다. 이 점을 알게 되면 우리는 주님의 매우 이상하고 당혹스러운 자세를 이해하게 된다.

"예수님은 자연적인 덕을 사랑하시지만
그것이 구원을 위해 매우 부질없다고 언급하신다"

부자 청년의 자연적인 덕을 고려해보라막 10:17-22. 예수님께서 그를 보시고 "그를 사랑하셨다"는 것을 알 수 있다. 자연적인 덕은 예수님의 눈에도 아름다워 보였다. 그러나 주님은 아무도 알 수 없는 사실을 알고 계셨다. 바로 자연적인 덕은 사람이 이룰 약속이 아니라 단지 인간에게 남은 '영광의 잔재'이고, 영생에서 그에게 실질적으로 아무런 도움이 되지 않는다는 점이다. 예수 그리스도는 부자 청년에게 모든 소유를 벗어던지고 자신을 주께 드린 후에 와서 주를 따르라고 말씀하셨다. 다른 말로 하면 그는 전부 새로 만들어져야 했다.

망가진 인류

"그러므로 한 사람으로 말미암아 죄가 세상에 들어오고 죄로 말미암아 사망이 들어왔나니 이와 같이 모든 사람이 죄를 지었으므로 사망이 모든 사람에게 이르렀느니라"롬 5:12.

'망가진 인류'는 아담 이후의 모든 인류를 말한다. 우리는 "모든 사람이 죄를 지었으므로" 엉망이 되었다. 아담 이후의 인류를 보면 개인적이든 집단적이든 어떻게 죄가 도덕적으로 망가진 상태를 만들어 내었는지 잘 말해준다. 인간들 안에는 주요한 덕이 매우 강하고 분명하게 있지만, 성경은 그 덕 안에도 죄라고 불리는 요소가 있다고 말한다(물론 아무도 이 요소를 죄라고 부르지는 않는다). 그러나 이것이야말로 사람들을 철저히 망가뜨리는 요소이다.

우리는 죄의 요소를 자연적인 덕으로부터 어떻게 분리해낼지 알 수 없다. 어떤 특별한 상황에서 그 덕은 선하고 다른 상황에서는 그르다. 문제는 사람의 인격 속에서 어떤 한 가지 요소에 초점을 맞추고 그것만을 유일한 것으로 삼을 때 발생한다. 예를 들어, 오스카 와일드는 감옥에서 '슬픔과 절망의 늪에서'라는 글을 썼다. 그는 인격 중의 한 요소인 예수 그리스도에 대한 감상적인 지적 관심을 전부로 삼았다. 그는 진지하게 그 책을 썼지만 그의 인격 내의 다른 요소들이 이 특별한 요소와 상반되는 점을 간과하였다. 그러나 그가 감옥에서 나왔을 때 그의 삶을 주관한 인격적 요소는 감상적인 지적 관심이 아니라 그와 상반되는 다른 요소들이었다. 이것이 바로 '죄로 물든 망가진 인류'가 의미하는 바이다.

인간들이 성경을 벗어나 다루는 것들마다 정돈이 되는 것이 아니라 더욱 열악해진다. 이러한 망가짐은 단 하나의 단어로 설명된다. 바로 죄이다.

불법의 사람

"누가 어떻게 하여도 너희가 미혹되지 말라 먼저 배교하는 일이 있고 저 불법의 사람 곧 멸망의 아들이 나타나기 전에는 그날이 이르지 아니하리니 그는 대적하는 자라 신이라고 불리는 모든 것과 숭배함을 받는 것에 대항하여 그 위에 자기를 높이고 하나님의 성전에 앉아 자기를 하나님이라고 내세우느니라"살후 2:3-4.

성경은 인류와 사회를 망가뜨리는 죄가 궁극적으로 죄의 사람, 즉 적그리스도로 성육신하여 나타날 것이라고 계시한다. 인류 자체를 위한 열정은 궁극적으로는 다시 돌이킬 수 없는 참사로 이어질 것이다. 오늘날 사람들은 온 인류가 개선되고 있다고 말한다. 자연적인 덕이 장래의 약속이라고 말한다. 그들은 죄에 대해 전혀 고려하지 않는다.

> "우리는 성경을 무시한 인류의 열정은 반드시 재난으로 끝날 것임을 기억해야 한다"

성도들의 공동체를 향한 하나님의 열망은 하나님께서 망가진 인류를 감당하시고 인류를 새롭게 만드실 것을 의미한다. 새 인류는 타락 전 인류의 시조로 돌아가는 정도가 아니라 "그 아들(하나님의 아들 예수 그리스도)의 형상을 본받게 하는" 자리까지 나아갈 것이다.

인류의 곤혹

"하늘에 계신 이가 웃으심이여 주께서 그들을 비웃으시리로다 그

때에 분을 발하며 진노하사 그들을 놀라게 하여 이르시기를 내가 나의 왕을 내 거룩한 산 시온에 세웠다 하시리로다"시 2:4-6.

비정상적 결속

"여호와께서 사람의 죄악이 세상에 가득함과 그의 마음으로 생각하는 모든 계획이 항상 악할 뿐임을 보시고"창 6:5.
"징계는 다 받는 것이거늘 너희에게 없으면 사생자요 친아들이 아니니라"히 12:8.

결속이란 같은 관심에 합병하는 것을 의미한다. 인류의 결속은 모든 사람들 각자가 다른 사람들과 함께 한 가지 관심이 있음을 뜻한다. 성경 전부가 죄의 비정상적 결속을 다루고 있음을 주목하라. 인간은 마음속으로 하나님을 완전히 지울 수 있다. 그 후 하나님을 마음에서 지운 다른 사람들과 함께 활동하며 살아갈 수 있다. 만일 모든 개인들이 이러한 사람들이 될 때, 온 인류는 철저한 무신론적 공동체로 묶인다. 인류가 대단히 많이 나뉘어 있어서 현재 이러한 무신론적 인류 공동체가 이루어지지 않았지만 인류의 분열은 계속 해결될 것이다. 그 이유는 인간의 속성 안에는 모든 사람들이 똑같이 가지고 있는 공통점이 있기 때문이다. 만일 사람들마다 자신들의 마음속에서 하나님을 밀어내는 데 성공한다면, 온 인류는 거대한 무신론적 집단을 이룰 것이다.

영혼의 바벨

"그러므로 그 이름을 바벨이라 하니 이는 여호와께서 거기서 온 땅의 언어를 혼잡하게 하셨음이니라 여호와께서 거기서 그들을 온 지면에 흩으셨더라"창 11:9.

위의 구절은 인류가 먼 과거에 첫 번째 결속을 시도한 사건을 기록하고 있다. 인류를 곤혹하게 하고 방해하는 것은 하나님이 그들을 향해 항상 비웃고 있다는 불편한 느낌이었다. 그들을 향한 하나님의 조롱을 대표하는 성도들이 있었기에, 지금까지 인류의 역사 가운데 무신론의 완벽한 조직화가 지연되었다. 만일 성도들이 사라진다면 이 땅에 완벽하게 구성된 무신론적 집단이 세워질 것이다.

신비한 죄의 몸

"우리가 알거니와 우리의 옛사람이 예수와 함께 십자가에 못박힌 것은 죄의 몸이 죽어 다시는 우리가 죄에게 종노릇 하지 아니하려 함이니"롬 6:6.

'죄의 몸'은 인류의 저변에 깔려 있는 단단한 무신론의 무시무시한 가능성이다. 그 안에서 각 사람들이 차지하고 있는 몫을 '옛사람'이라고 부른다. 각 개인마다 예수 그리스도와 일체가 될 때 '옛사람'이 그리스도와 함께 못박힘을 체험적으로 알게 된다. 죄의 몸의 궁극적인 패배와 멸망은 더욱 자명하다. 죄의 몸은 각 사람 안에 있지 않다. 각 사람 안에 있는 것은 '옛사람', 즉 죄의 몸과 자신을 연결시키는 육에 속한 마음이다. 죄의 결속은 사탄이 능력을 행사할 수 있는 바탕을 형성하면서 인류 가운데 역사하며 온 인류가 무신론이 되도록 만들고 있다. 죄의 초기 상태는 단지 하나님이 없는 상태이다. 바울에 의하면, '옛사람'을 그리스도와 함께 못박는 이유는 죄의 몸을 멸하기 위함이다. 즉, 죄의 몸과의 연결을 차단하는 것이다. 예수 그리스도의 죽음과 일치되는 사람들이 생길 때마다 사탄과 죄의 거대한 결속체는 계속 커다란 충격을 받는다.

이 세상에는 오직 그리스도의 몸과 죄의 몸인 두 개의 신비체가 있다. 죄의 신비한 몸으로부터 불법의 사람이 나타날 것이다.

어떤 사람이 잘못되기 시작하면 그는 "어쩔 수 없어"라고 말한다. 이 말은 정확하게 맞다. 성경은 모든 악한 행동과 오류의 배후에 어마어마한 세력, 즉 악의 거대한 역사가 있음을 계시한다. 그 세력은 하나님을 대항하는 초자연적인 세력이다. 우리는 혈과 육에 대항하여 싸우는 것이 아니라 "통치자들과 권세들과 이 어둠의 세상 주관자들과 하늘에 있는 악의 영들을 상대"엡 6:12하는 것이다.

사람이 구원을 받아 거룩하게 되면 죄의 몸으로부터 떼어진다. 따라서 사탄이 지지하는 모든 어둠의 세력들은 그 영혼을 향해 끊임없는 공격을 한다. 이때 거룩하게 된 영혼을 지킬 수 있는 유일한 것은 예수 그리스도를 통한 하나님의 전능하신 능력이다. 이 능력에 의해 보호를 받기 때문에 완벽하게 안전하다. 그러나 성도들이 이 세상에서 사라지게 되면, 이 세상은 죄의 결속과 무신론의 위협에 직면하게 될 것이다.

> "가장 중요한 질문은, 하나님이 인류를 섬기는 것인가
> 아니면 인류가 하나님을 섬기는 것인가 하는 것이다."
> – 포시스 1848-1921, 영국 회중교회 목사이며 신학자.
> 챔버스는 그의 많은 책들을 읽었고 그의 통찰력을 존중했다-역주.

성경을 떠난 사람들은 인류를 '하나님'이라고 부른다. 그러나 이들이 가진 이 용어의 개념은 성경과 다르다. '하나님'이란 용어는 그들에게 아무런 의미가 없다. 단지 인간의 유익을 돕는 일반적 경향에게 주어지는 이름일 뿐이다. 이러한 정신영은 모든 영역에 침투해 들어간다. 우리는 신앙 체험을 말하면서도 이러한 영에 사로잡힌다. 하나님과 예수 그리스도와 성령은 우리를 축복하며 우리에게 유익을 가져다주는 존재일 뿐이라는 사상이 슬며시 들어온다. 그러나 성경을 보면 그곳에는 완전히 정반대의 사상이 있다. 우리는 중생에 의해 하나님과 조화하고 연합함으로써 큰 기쁨 가운데 하나님의 유익을 섬겨야 한다.

인류의 골칫거리

"내가 여호와의 명령을 전하노라 여호와께서 내게 이르시되 너는 내 아들이라 오늘 내가 너를 낳았도다 내게 구하라 내가 이방 나라를 네 유업으로 주리니 네 소유가 땅끝까지 이르리로다 네가 철장으로 그들을 깨뜨림이여 질그릇같이 부수리라 하시도다"시 2:7-9.

'골칫거리'의 의미는 혼란 속에 관여된다는 뜻이다. 사탄의 계획은 성도들 때문에 차질이 생긴다. 예수님이 계시면 사탄과 인류는 온통 정신을 차리지 못한다. 만일 인류와 사탄이 예수 그리스도를 제거할 수만 있다면, 그들은 결코 더 이상 혼란에 빠지거나 흥분하지 않게 될 것이다. 예수님은 이 점을 분명하게 하셨다.

"내가 와서 그들에게 말하지 아니하였더라면 죄가 없었으려니와 지금은 그 죄를 핑계할 수 없느니라"요 15:22.

사탄과 인류에게 가장 큰 골칫거리는 예수 그리스도시다. 20세기 전에 사도 요한은 "예수를 시인하지 아니하는 영마다 하나님께 속한 것이 아니니 이것이 곧 적그리스도의 영이니라 오리라 한 말을 너희가 들었거니와 지금 벌써 세상에 있느니라"요일 4:3(예수를 시인하지 않는다는 의미는 예수를 분석하여 부정한다는 뜻이다)라고 말하였다.

오늘날 널리 퍼져가는 추세를 경계하라. 사람들은 예수 그리스도를 제거하기 원한다. 그들은 그분이 이 땅에 계셨던 사실과 매우 주목을 받으셨던 분이셨음을 부인할 수 없다. 그러나 그들은 분석을 통해 그리스도를 부정하는 일을 한다. 즉, 예수님은 하나님의 성육신이 아니라고 말하는 것이다. 예수 그리스도는 언제나 인간의 계획을 뒤엎으신다. 이 사실 때문에 프랑스 철학자 볼테르는 "이 비열한 자를 십자가에 못박으라. 그리고 그에게 날인을 찍어 그의 미친 이야기를 제거하라"고 말하였다. 그 이유는 예수 그리스도는 인류의 모든 이성의 걸림돌이었기 때문이다.

당신의 사고 체계에 예수 그리스도를 꿰어맞출 수 없다. 만일 예수 그리스도를 뺄 수만 있다면 모든 것이 논리적으로 설명이 된다. 세상은 진화에 의해 설명될 수 있지만, 당신은 예수 그리스도를 진화론에 꿰어맞출 수 없다. 예수 그리스도는 사탄에게 성가신 존재이고, 넓게는 이 세상의 옆구리에 낀 가시이며, 각 개인의 죄에는 절대적인 걱정거리이다. 우리가 주님을 십자가에 못박고 날인을 찍어 내쫓으면 더 이상 골칫거리가 없게 된다. 바울은, 육신에 속한 생각은 "하나님과 원수"롬 8:7라고 말했다.

과거의 슬로건은 종교가 인류를 이용한다는 것이었다. 과거의 종교 선생들이 잘못 가르친 것은, 엄청난 주권적 능력을 가지신 하나님이 아무런 근거 없이 자기 마음대로 인류를 이용한다는 것이었다.

현재의 슬로건은 과거의 슬로건과 정반대로, 이제는 인류가 하나님을 이용한다는 것이다. 즉, 하나님은 아무런 목적 없이 그저 사랑의 성향을 가지신 분이니 인류가 하나님을 이용하여 인류 자체를 용서하고 깨끗하게 하고 의롭게 할 수 있다는 것이다.

변함없는 말씀은 위의 두 슬로건의 오류들을 바로잡는다. 즉, 성경은 그리스도가 사랑 안에서 하나님과 인류를 연합시킨다고 말한다. 주 예수 그리스도는 놀라운 구속을 수단으로 거룩한 하나님과 불경건한 인류를 연합시키실 수 있다. 이 연합 가운데 예수 그리스도는 하나님께 다가갈 수 있는 유일한 유형의 사람으로 서신다. 그리고 "영광을 얻은 인류의 핵심적인 모습을 대표하며, 찬란한 새 인류가 그들에게 주어진 고유한 영적 자원들을 개발할 수 있도록 도우신다."

예수 그리스도는 자신의 고유한 영적인 생명, 곧 성령을 경건치 않은 자들에게 부여할 수 있는 권한을 가진 분이시다. 나아가 주님은 그들을 개발시켜 주님처럼 될 때까지 도우신다. 이러한 이유 때문에 마귀는 예수 그리스도를 미워하며 사람들로 하여금 그분을 고려하지 못하도록 애쓰는 것이다.

사람의 자유함

"그런즉 군왕들아 너희는 지혜를 얻으며 세상의 재판관들아 너희는 교훈을 받을지어다 여호와를 경외함으로 섬기고 떨며 즐거워

할지어다 그의 아들에게 입맞추라 그렇지 아니하면 진노하심으로 너희가 길에서 망하리니 그의 진노가 급하심이라 여호와께 피하는 모든 사람은 다 복이 있도다"시 2:10-12.

어떤 죄인이라도 하나님께서 그리스도의 십자가상에서 내린 죄에 대한 판결에 도덕적으로 동의하면, 그는 죄로부터 해방된다. 도덕적 결정은 감상적인 지적 결정과는 다르다. 도덕적 결정이란 "나의 하나님, 저는 하나님께서 예수 그리스도의 십자가상에서 죄에 대하여 내리신 판결을 받아들입니다. 저는 제 안의 죄성이 주님의 죽음과 함께 일치되기를 원합니다"라고 인정하는 것을 의미한다. 사람이 이 자리에 이르는 즉시, 우리는 구속을 통한 주의 놀라운 능력 가운데 성령께서 역사하심을 이해하게 되고 우리는 더욱 자유하게 된다.

> "그리스도는 영광스러운 하나님의 주된 모습을 대표하며
> 사람의 첫째 목표는 화목과 구속과
> 하나님의 뜻에 순복함을 근거로 발전하는 것이다"

둘째 사람

"그런즉 누구든지 그리스도 안에 있으면 새로운 피조물이라 이전

것은 지나갔으니 보라 새것이 되었도다 모든 것이 하나님께로서 났으며 그가 그리스도로 말미암아 우리를 자기와 화목하게 하시고 또 우리에게 화목하게 하는 직분을 주셨으니"고후 5:17-18.

하나님은 둘째 사람이신 주 예수 그리스도를 통해 사람을 자유하게 하신다. 그래서 바울은 예수 그리스도를 "마지막 아담"고전 15:45이라고 불렀다. 만일 첫째 아담이 인류가 망가진 원인이었다면, 둘째 아담인 예수 그리스도는 인류의 해방의 열쇠가 되신다. 예수 그리스도는 모든 사람들에게 사람이 어떠해야 하는지를 보이는 기준이시고, 성도들에게는 하나님이 어떤 분이신지를 보이는 형상이시다.

거룩하게 된 사람

"허물로 죽은 우리를 그리스도와 함께 살리셨고 (너희는 은혜로 구원을 받은 것이라)"엡 2:5.

거룩하게 된 사람은 죄의 성향이 십자가에 못박혔을 뿐 아니라 '죄의 몸'으로부터 분리되어 자유하게 된 사람이다. 나아가 그는 주께서 이 땅에 계셨을 때 원래 사셨던 하늘의 장소로 들어올려졌다. 이 놀라운 사실이 요한일서 1장 7절에 요약되어 있다.

"그가 빛 가운데 계신 것같이 우리도 빛 가운데 행하면 우리가 서로 사귐이 있고 그 아들 예수의 피가 우리를 모든 죄에서 깨끗하게 하실 것이요."

이는 성도들의 사귐을 위한 열정으로서, 인류가 하나님 없이 결속하려는 열정과 비교된다. 이러한 관점에서 우리는 우리의 생각으로 아는 것들을 체험적으로 증명할 수 있게 된다. 진실한 마음을 일깨울 때 우리는 훨씬 큰 능력으로 살 수 있다벧후 3:1. 우리는 이 땅에서 비록 나그네로 살아가지만 예수 그리스도를 통해 그 모든 것 위에 들어 올려진 사실을 깨닫는다. 그때 우리는 놀라운 자유를 누리게 되고 주님 안에서, 그리고 주님을 통해 원수의 모든 능력을 이기는 힘을 소유하게 된다.

최고의 비밀

"이 비밀이 크도다 나는 그리스도와 교회에 대하여 말하노라" 엡 5:32.

성도 주변에는 그를 지키고 보호하는 하나님의 위대한 능력이 함께하고 있다. 따라서 "악한 자가 그를 만지지도 못한다"요일 5:18. 각 성도들에게 해당하는 진리는 모든 성도들에게 공통적으로 해당된다. 즉, 과거에 사탄의 권세 아래에서 무신론적 결속을 지지하던 마음이 이제는 하나님의 통치 아래에서 거룩의 결속을 지지한다.

"적은 무리여 무서워 말라 너희 아버지께서 그 나라를 너희에게 주시기를 기뻐하시느니라" 눅 12:32.

매 시대마다 별볼일없는 적은 무리들이 이 부름을 받아 왔다. 성도들은 언제나 이 땅에서 나그네로 살면서 기독교의 고독한 소망을 바라보았다. 그러나 만족할 수 있었다. 그 이유는 하나님께서 사탄과 죄가 벌려놓은 모든 것을 뒤엎을 수 있는 놀라운 목적을 이루고 계시기 때문이다.

"하늘에 계신 이가 웃으심이여 주께서 그들을 비웃으시리로다" 시 2:4.

사탄과 죄가 망쳐놓은 모든 것들이 주 예수 그리스도의 놀라운 구속을 통해 재건되고 새롭게 복구될 것이다.

10장

조화

다음 세 가지는 함께 천천히 자라난다.
첫째, 영적인 거룩함을 기반으로 둘째, 도덕적인 행복을 세워가며,
셋째, 신체적인 건강으로 다져가라.
그리스도 예수 안에서 온전히 성장한 사람은
정확하게 그리스도 예수처럼 된 사람을 말한다.

건강 - 신체적 조화(사실과의 화평)

"여호와 하나님이 그 사람을 이끌어 에덴 동산에 두어 그것을 경작하며 지키게 하시고 여호와 하나님이 그 사람에게 명하여 이르시되 동산 각종 나무의 열매는 네가 임의로 먹되 선악을 알게 하는 나무의 열매는 먹지 말라 네가 먹는 날에는 반드시 죽으리라 하시니라"창 2:15-17.

조화는 각 부분이 서로 함께하면서 전반적으로 잘 연결된 것을 뜻한다. 신체의 조화인 건강은 처음부터 하나님의 계획이었다. 창세기에서 나온 처음 언급은 성경 전반에 걸쳐 그 주제에 대한 모든 언급에 영향을 끼친다. 건강(신체의 조화), 행복(도덕의 조화), 거룩(영적 조화) 모두 인간의 삶이 이루려는 주요 목표의 다양한 면이다. 신체의 조화인 건강은 우리의 신체와 외부 세상과의 완벽한 균형이다.

건강한 몸을 숭배함

"여호와는 말의 힘이 세다 하여 기뻐하지 아니하시며 사람의 다리가 억세다 하여 기뻐하지 아니하시고" 시 147:10.

멋지게 관리된 건강을 숭배하는 사람들은 항상 있어왔고 앞으로도 있을 것이다. 이 구절은 건강 곧 신체의 조화에 대한 하나님의 관점이 인간의 관점과 다름을 보여준다. 신체의 건강을 예배하는 현대의 이름은 '크리스천 사이언스'이다. 건강 숭배의 가장 큰 오류는 사람의 도덕적, 영적인 부분을 무시하는 데 있다.

병을 예찬함

"주의 징벌을 나에게서 옮기소서 주의 손이 치심으로 내가 쇠망하였나이다" 시 39:10.

대단히 많은 사람들이 비참을 미화하여 거기에 도취한다. 그들이 숭배하는 것은 고통, 아픔, 약함, 고통에 예민함 등이다. 아픈 태도를 숭배하는 현상은 인류 역사 가운데 지속되어 왔는데, 그 이유는 시대마다 큰 영향을 끼쳤던 위대한 사람들 중 대부분이 어느 정도는 신체적인 질병이 있었기 때문이다. 아미엘은 예민함과 교양을 갖춘 남성이었는데 살아 있기조차 벅찰 정도로 병이 심했고 평생 병약했다. 그는 일기에 다음과 같이 기록했다.

"병에 대해 가장 먼저 떠오르는 것은 병에 담긴 신적 가치이다. 비록 병마들은 악하게 보일지라도 실상 질병은 위로부터 내려오는 호소, 즉 하나님께서 부성적인 마음으로 채찍을 대시는 것이다."

정신적으로 건강한 사람은 이러한 자세에 동의하지 않는다. 그러나 아픈 사람들은 이러한 태도를 숭배하려는 경향이 있다. 병에 대한 성경적 입장은 신유를 믿는 사람들의 자세와 전혀 다르다. 성경은 하나님이 병을 보내신다고 말하지 않으며 또한 병은 사탄에게 속한 것이라고도 보지 않는다. 대신 병은 하나님과 사탄에 의해 사용되는 사건으로 본다. 절대로 자신의 체험 위에 원칙을 세우지 말라.

내 개인적 체험을 말하자면, 나는 생애 가운데 단 한 번도 아무 탓할 이유가 없이 아픈 적이 없었다. 병이 내게 허락된 이유를 알기 위해 주께 구할 때마다, 나는 결코 잊을 수 없는 교훈을 배웠다. 나의 신체적 건강은 절대적으로 하나님과 나의 관계에 맞물려 있었다. 결코 당신의 믿음을 어떤 교리나 다른 사람의 언급에 두지 말라. 대신 하나님의 책을 붙들라. 그러면 당신은 하나님께서 당신을 영적인 성품에 정확하게 맞게 개별적으로 다루신다는 사실을 발견하게 될 것이다.

"사람들은 하나님의 말씀을 붙들지 않고 다른 사람들의 의견을 취하기 때문에 계속적으로 오리무중에 빠진다"

하나님의 책은 실제 사실들을 다룬다. 건강과 병은 공상이 아니라 사실이다. 성경에는 지금 우리 시대처럼 기적적으로 치유된 여러 경우들이 기록되어 있다. 그렇지만 어떤 목적을 위해서 치유의 기적들이 발생하였는가? 우리가 그 사건들을 흉내내도록 하기 위해서인가? 절대 그렇지 않다. 그 사건들이 일어난 이유는 배후에 보이지 않는 인격적인 하나님과 각 개인의 관계를 분별할 수 있도록 돕기 위해서이다. 건강하기 때문에 평강을 누리고 병에 걸렸기 때문에 평강을 잃는 것은 무지한 것이며 위험한 것이다. 즉, 건강하다는 사실 때문에 마음이 평안한 사람들은 그 평안 때문에 그들의 마음이 종종 무디어진다. 반면에 자신이 병든 사실을 인식한 사람들은 건강한 모든 것을 향해 비뚤어진 눈을 갖기 쉽다. 사람이 건강을 우상으로 만들 때, 이는 피조물 중에서 가장 잔인한 우두머리에게 자신을 맡기는 것과 같다.

나는 의도적으로 이 주제를 애매하게 두며 아무런 답변을 하지 않겠다. 사실 답이 없다. 하나님으로부터 답변을 발견했다고 말하는 사람들을 대할 때 가장 곤란하다. 당신은 일어나는 사실들을 증명할 수 없다. 그냥 받아들여야 한다. 건강과 병은 항상 있다. 우리가 선택할 수 있는 것이 아니다. 건강과 병은 오고 간다. 우리는 신체와 관련된 일들을 설명하기 전에 먼저 다른 차원, 즉 도덕적 차원과 그 다음 단계인 영적 차원을 다루어야 한다.

행복 - 도덕적 조화(원칙과의 화평)

행복 곧 도덕적 조화는 내 성향과 상황 사이의 완벽한 조화이다. 원칙과의 화평은 사람의 도덕적 속성을 조화 가운데 있게 한다.

고결함의 긍지

> "바리새인은 서서 따로 기도하여 이르되 하나님이여 나는 다른 사람들 곧 토색, 불의, 간음을 하는 자들과 같지 아니하고 이 세리와도 같지 아니함을 감사하나이다" 눅 18:11.

고결함은 아무런 흠이 없는 상태를 말한다. 고결함 가운데 사람이 느끼는 긍지는 행복을 만들어낸다. 기도할 필요가 없다. 그들이 기도한다면 그 기도는 높은 하늘 위에서 평안함을 누리는 듯한 독백일 것이다. 주님의 비유 가운데 등장하는 바리새인은 행복했다. 그는 하나님께 기도하는 것도 아니었고 다른 사람들이 듣도록 기도한 것도 아니었다. 그는 '혼자' 기도하고 있었다.

"하나님이여 나 바리새인은 다른 사람들 곧 토색, 불의, 간음을 하는 자들과 같지 아니하고 이 세리와도 같지 아니함을 감사하나이다."

바리새인의 기도에서, 그 사람 자리에 당신의 이름을 넣어보라. 그러면 당신은 그가 어떠한 사람인지를 정확하게 알게 될 것이다. 당신은 그가 어디에 사는지를 알며 그에 대한 모든 것을 안다. 자기

의에 만족해 하는 상태를 '행복'이라고 부르지 않도록 주의하라. 이 바리새인에 대한 정확한 표현은 '자신의 지성과 도덕적 행위로 행복한 만족을 느끼는 사람'이라고 하겠다. 이러한 행복에 젖은 사람은 그 누구도 말릴 수 없다. 그러나 마치 얼음처럼 차갑기만 하다. 만일 당신이 모든 종류의 도덕적 또는 비도덕적인 성품을 분석해보고 싶다면 성경을 들여다보라. 누가복음 18장의 그림은 이 세상 사람들 전체가 아니라 종교적인 사람의 모습이다. 그리스도인으로서 우리는 이러한 바리새인과 같은 거룩함에서 만족을 얻지 않도록 주의해야 한다.

죄악으로 인한 고통

"세리는 멀리 서서 감히 눈을 들어 하늘을 쳐다보지도 못하고 다만 가슴을 치며 이르되 하나님이여 불쌍히 여기소서 나는 죄인이로소이다 하였느니라"눅 18:13.

이 상태는 원칙과의 화평이 무너진 상태이다.

"주께서 죄악을 책망하사 사람을 징계하실 때에 그 영화를 좀먹음 같이 소멸하게 하시니 참으로 인생이란 모두 헛될 뿐이니이다 (셀라)"시 39:11.

예수 그리스도께서 꾸준히 반복하시는 가르침에 의하면, 그분과 바른 관계를 갖지 않은 상태에서 자신에 대해 도덕적 화평을 누리는 자는 악한 삶을 사는 사람보다 훨씬 더 마귀에 가깝다.

신체적, 도덕적 조화는 하나님의 작정이다. 즉, 사람의 몸의 모든 부분들이 외부 세상과 완벽한 조화를 이루는 것, 사람이 자신과의 도덕적 조화 가운데 행복을 느끼는 것 모두 하나님의 뜻이다. 그러나 앞서 지적한 것처럼, 성경은 사람이 도덕적 안녕을 희생시키면서 신체적인 건강을 유지할 수 있고, 영적인 안녕을 희생시키면서 행복을 느낄 수 있음을 계시한다.

거룩 – 영적인 조화(하나님과의 화평)

영적인 조화 곧 거룩은 우리의 성향과 하나님의 모든 율법 사이의 완벽한 균형이다. 당신의 기질, 즉 사건들에 대한 감각을 신뢰하지 말라. 하나님께서는 성도를 만드실 때 그 사람 안에 새로운 성향을 심으신다. 그러나 그 사람의 기질을 바꾸지는 않으신다. 성도는 새로운 성향에 따라 자신의 기질을 형성해야 한다.

하나님을 알기 전, 하나님께서 당신에게 성령을 주시기 전, 당신이 거룩한 삶으로 들어가기 전에 있었던 당신의 경험들을 돌아보라. 당신의 기질과 감각은 어떤 사건들을 대하면서 당신 안에 공포를 만들어냈을 것이다. 그러나 지금 당신은 그러한 사건들을 완전히 다른 태도로 대한다. 이러한 자신을 보면서 당신은 "왜 내가 이렇게 둔해진 것일까!"라고 말한다. 전혀 둔해진 것이 아니다. 당신은 새로운 성향을 가지고 있고, 당신의 기질은 그 성향과 조화를 이루고 있다.

"하나님이 당신에게 주신 성향 때문에 당신은 하나님의 관점에 동감하게 되면서 더 이상 감각에 좌우되지 않는다"

만일 당신이 당신의 감각을 훈련시키는 것이 어려워서 낙심해 있다면 실망하지 말라. 다시 도전하라. 처음에는 우리의 감각들이 아직 주 예수 그리스도께 온전히 굴복하지 않기 때문에, 우리는 감각에 의해 걸려 쉽게 넘어진다. 예수 그리스도는 왕위의 보좌에 계시고 당신이 바로 그분의 명을 수행하는 '총리'라는 사실을 기억하라.

공포가 건드릴 수 없음

"그는 흉한 소문을 두려워하지 아니함이여 여호와를 의뢰하고 그의 마음을 굳게 정하였도다"시 112:7.

주님은 한 번도 신체적, 도덕적, 지적인 당황스러움을 겪으신 적이 없다. 그 이유는 그분은 하나님 안에서 고정되어 계셨기 때문이다.

"예수는 그의 몸을 그들에게 의탁하지 아니하셨으니 이는 친히 모든 사람을 아심이요 … 이는 그가 친히 사람의 속에 있는 것을 아셨음이니라"요 2:24-25.

당신 자신의 경험을 돌아보고 당신의 감각이 당신을 어떻게 공포로 몰아갔는지를 보라. 공포 속에서 현실들을 거짓으로 믿으려 했던 자신을 기억해보라. 성도들을 사로잡을 때 사탄은 인간의 감각을 이용한다. 하나님께서 욥에 대해 사탄에게 말씀하셨다.

"내가 그의 소유물을 다 네 손에 맡기노라 다만 그의 몸에는 네 손을 대지 말지니라"욥 1:12.

지금까지 우리가 다룬 내용으로 볼 때, 사탄이 우리를 주관하는 성향 자체를 건드릴 수는 없다. 그러나 만일 우리가 온전히 깨어 있지 않는다면, 그는 우리의 감각을 건드려 속박할 수 있다. 당신이 영적으로 속박을 느낄 때, 지옥의 냄새를 맡을 때마다, 당신은 잘못된 항해를 하고 있는 것이다. 공포는 언제나 잘못된 것이다. 사실 그 안에는 아무것도 없다. 전혀 공포에 빠지지 않는 누군가를 당신이 알고 있다면, 이는 당신에게 참으로 큰 축복이며 당신은 그 사람을 언제나 의지할 수 있다. 당신은 조급한 상태에서, 불처럼 타는 신경질 가운데, 머리는 백지같이 비고, 가슴은 거의 죽어가는 나비같이 펄럭이는데, 그 사람에게 가면 2-3분 내에 평정을 갖게 된다. 어떤 일이 발생한 것인가? 그 사람으로 인해 당신 안에 나타난 변화는 더 이상 자신의 감각에 예민하게 반응하기보다 생명의 반석이신 하나님께 마음이 모아진 것이다.

거룩은 공포가 건드릴 수 없다. 바울은 '환난 가운데' 말한다. 환난이 무엇인가? 팥죽이 끓어오르는 그림이 환난이다. 그러한 환난 가운데 내면의 평정을 누리는 사람은 대단한 사람이고, 이러한 성품을 가진 사람만이 이 세상에서 하나님을 위한 사역자로 우뚝 설 수 있다. 예수 그리스도께서 세상을 향해 서신 것처럼 그렇게 설 수 있는 성향을 지닌 사람들은 결코 환난 가운데 당황하지 않는다. 악한 자들은 성도의 이러한 모습을 이해할 수 없다. 세상의 눈에는 성도가 하나님을 의지하는 모습이 언제나 불합리하게 보이겠지만, 환난이 오면 그들은 성도를 보며 그 앞에 무릎을 꿇고 머리를 조아리게 된다.

박해에 의해 꺾이지 않음

"악인은 이를 보고 한탄하여 이를 갈면서 소멸되리니 악인들의 욕망은 사라지리로다"시 112:10.

하나님의 책은, 줄곧 거룩한 사람이 거룩하지 않은 사람들로부터 박해를 받게 될 것이라고 말한다. 주님은 제자들에게 뚜렷하게 드러나야 한다고 가르치셨다.

"너희는 세상의 빛이라 산 위에 있는 동네가 숨겨지지 못할 것이요." 마 5:14.

주님은 제자들에게 이리 같은 사람들을 두려워하여 진리를 숨기는 일이 결코 없어야 한다고 가르치셨다. 개인적인 경험에 의하면, 진리를 증거할 때마다 거룩하지 않은 사람들이 격분하거나 조롱하는 것을 본다. 우리는 모두 천상 겁쟁이들이다. 하나님께서 우리의 성향을 바꾸어주실 때에야 우리는 겁쟁이들이 되지 않는다. 하나님께서 우리 안에 심으시는 성향은 하나님과 바른 관계를 유지하도록 우리를 붙들기 때문이다.

> "성도의 가장 주된 특징은 무엇보다 먼저 하나님과 철저하게 공감하는 것이고 사람의 생각이 아닌 하나님의 생각을 따르는 것이다"

하나님의 책에는 두 개의 평행선이 달린다. 특히 바울 서신들을 보면 그러하다. 그가 공중 설교를 하고 가르칠 때와 사람들을 개인적으로 다룰 때를 보라. 그의 설교와 가르침에는 전능하신 하나님처럼 엄하며 한치의 양보가 없다. 그러나 사람의 영혼을 대할 때는 은혜로 구원 받은 죄인으로서 다정하고 친절하다.

오늘날 이 순서가 거꾸로 되었다. 현대의 가르침은 놀라울 정도로 '대충 쉽게' 하라는 내용이다. 설교의 기준을 보라. 하나님의 기준이 아니라 인간들의 기준에 설교를 맞추는 것이 첫째가 되어버렸다. 따라서 하나님의 진리가 막혀 있다. 당연히 막힐 수밖에 없다. 감히 진리를 설교할 수 없다.

그러나 당신이 각 개인의 구원에 대해 자세히 설교할 때 사람들은 가책을 받으면서 분개하거나 당황한다. 당신은 그들이 하나님과 바른 관계에 있어야 하고, 이를 위해 하나님의 율법과 완벽한 조화를 이루는 성향을 받아야 한다는 사실과 그 성향은 우리로 하여금 하나님의 법을 이루어낼 수 있도록 힘을 준다는 진리를 선포해야 한다. 예수 그리스도는 제자들에게 결코 핍박을 두려워하여 하나님의 진리를 감춰두는 일이 없도록 하라고 가르치셨다. 당신은 동료들을 대할 때 어떤 자세를 가지는가? 항상 기억하라. 지금 당신이 누구인지 기억하라. 거룩한 면에서 뭔가를 이루었다면 누가 당신을 현재의 당신으로 만드셨는지 기억하라. 사도 바울은 "내가 나 된 것은 하나님의 은혜로 된 것이라"고전 15:10고 고백한다. 무한한 긍휼과 불쌍히 여기는 마음으로 다른 영혼들을 대하라. 당신이 과거에 어떤 사람이었는지, 하나님의 은혜로 지금은 어떤 사람이 되어 있는지 항상 잊지 않도록 하라.

하나님께서 당신에게 오래 참으신 것처럼, 당신도 자신에게 오래 참아야 한다. 고작 2년 정도 성결한 은혜 가운데 살아왔으면서 왜 20년의 은혜를 받은 것만큼 성숙하고 강하지 못한지, 성급한 마음으로 영적으로 속상해 하지 않도록 주의하라. 우리는 당장 성화될 수 있는 존재가 아니다. 계속 주의 은혜로 자라나도록 인내하라. 영적 위험은 대부분의 성도들이 생각하는 부분보다 이 부분에서 훨씬 많다히 12:5-11.

마귀는 우리가 거룩한 삶으로 들어오는 즉시 모든 것이 다 끝났다고 생각하게 만든다. 거듭나서 거룩하게 된 것은 시작일 뿐이다. 우리는 예수 그리스도의 완성된 사역에 들어왔다. 그러나 바울이 말한 것처럼 우리는 아직 아무것도 달성하지 못하였다. 모든 것이 완벽하게 조정되었지만, 지금부터 달성을 시작하는 것이고 "범사에 그에게까지 자라나기"엡 4:15 시작해야 한다.

다음 세 가지는 함께 천천히 자라난다. 첫째, 영적인 거룩함을 기반으로, 둘째, 도덕적인 행복을 세워가며, 셋째, 신체적인 건강으로 다져가라. 그리스도 예수 안에서 온전히 성장한 사람은 정확하게 그리스도 예수처럼 된 사람을 말한다.

"우리가 다 … 온전한 사람을 이루어 그리스도의 장성한 분량이 충만한 데까지 이르리니"엡 4:13.

역자 후기

그리스도인이 반드시 알아야 할 '죄와 구원'의 복음적 메시지

　오스왈드 챔버스는 「죄와 구원」을 통해 철저하게 성경적으로 죄를 다룬다. 이 책을 번역하는 과정에서, 죄에 대한 나의 안목이 확장되었다. 인간적 관점에서 죄를 보는 것이 아니라 하나님의 관점에서 죄를 볼 수 있었다. 올바르고 총체적인 관점에서 주 예수 그리스도의 십자가를 보게 되었다. 그 결과 모든 인류의 역사와 영적인 세계 속에서 죄와 십자가가 보였고, 영적인 차원에서 죄의 문제를 해결하시는 하나님의 무궁한 지혜가 보였다.

　죄와 관련한 유혹을 다룰 때, 오스왈드 챔버스는 자연인이 받는 유혹과 구원 받은 사람이 받는 유혹의 차원을 나눈다. 구원 받은 사람이 받는 유일한 유혹은, 다시 자신에 대한 권리 주장을 함으로써 주님이 주신 새생명으로 살지 못하게 하는 것이다. 이는 예수님께서 사탄에게 받으신 유혹과 같은 종류의 유혹이다. 하나님이 허락하신 목표를 향해 나아가더라도 그리스도인은 하나님의 뜻이 아니라 내 뜻대로 하려는 유혹을 끊임없이 받게 되는 것이다. 성도의 삶 가운데 이 가르침을 적용한다면, 성도를 향한 사탄의 유혹은 한마디로 "새사람으로 살지 말고 옛사람으로 살라"는 것이 된다.

이 책의 번역은 원서 제목인 "죄의 철학"The Philosophy of Sin이라는 제목에서 느낄 수 있듯이 철학이론처럼 딱딱하고 어려웠다. 그러나 이 책이 하나님의 말씀에 깊이 뿌리내린 저서라는 사실을 알게 되면서, 저자의 깨달음은 곧 나의 현실적 삶에 적용되는 심오한 깨달음으로 다가왔다. 그의 메시지는 현실을 살면서 당장 직면하게 되는 죄의 문제를 신앙으로 어떻게 대처할지를 알려주는 능력의 복음이었다. 이 책의 메시지는 신앙인으로서 가져야 하는 죄에 대한 복음적 인식, 나아가 예수 그리스도의 십자가의 구속에 대한 성경적 인식을 지속적으로 가져다준다. 결국 「죄와 구원」은 독자들의 삶을 예수 그리스도를 통한 하나님과의 인격적 관계에 다시 초점을 맞추게 한다.

오스왈드 챔버스는 방대하고 심오한 성경적 관점을 통해 죄의 문제를 다루면서 우리 모두를 십자가로 달려가게 만든다. 이 점 때문에 역자인 나부터 챔버스의 깨달음 앞에 머리를 조아리며 그러한 깨달음을 허락하신 하나님께 무한한 감사를 돌린다. 번역을 마친 순간, 나는 나 자신이 살아 계신 여호와 하나님 앞에 서 있음을 발견하였다.

이 글을 읽는 독자들에게, 챔버스가 영원과 우주적 차원에서 죄와 구원에 대해 깨달은 그 오묘한 경지까지 그와 함께 가보기를 추천한다. 성령께서 독자들의 눈을 활짝 열어주셔서 챔버스가 본 영적인 세상과 깊은 깨달음을 함께 누릴 수 있기를 기도한다.

스데반 황

오스왈드 챔버스 시리즈 14

오스왈드 챔버스의 죄와 구원

1판 1쇄 2010년 7월 30일
2판 3쇄 2022년 12월 30일

지은이   오스왈드 챔버스
옮긴이   스데반 황
발행인   조애신
편집   이소연
디자인   임은미
마케팅   전필영, 권희정
경영지원 전두표

발행처   도서출판 토기장이
주소   서울시 마포구 동교로 71-1 신광빌딩 2F
출판등록   1998년 5월 29일 제1998-000070호
전화   02-3143-0400
팩스   0505-300-0646
이메일   tletter77@naver.com
인스타그램 togijangi_books_

ISBN   978-89-7782-344-0

- 이 책은 저작권 법에 따라 보호를 받는 저작물이므로 무단 전재와 무단 복제를 금합니다.
- 이 책의 전부 또는 일부를 이용하려면 반드시 저자와 도서출판 토기장이의 동의를 받아야 합니다.

도서출판 토기장이는 생명 있는 책만 만듭니다.
"우리는 진흙이요 주는 토기장이시니 우리는 다 주의 손으로 지으신 것이니이다" (이사야 64:8)